Ludwig Geiger

Vor hundert Jahren

Mitteilungen aus der Geschichte der Juden Berlins

Ludwig Geiger

Vor hundert Jahren

Mitteilungen aus der Geschichte der Juden Berlins

ISBN/EAN: 9783743615656

Hergestellt in Europa, USA, Kanada, Australien, Japan

Cover: Foto ©ninafisch / pixelio.de

Weitere Bücher finden Sie auf **www.hansebooks.com**

Vor hundert Jahren.

Mitteilungen aus der Geschichte der Juden Berlins.

Von

Professor Dr. Ludwig Geiger

in Berlin.

Braunschweig.

C. A. Schwetschke und Sohn

(Appelhans & Pfenningstorff).

1889.

Separatabdruck
aus der „Zeitschrift für die Geschichte der Juden in Deutschland".

Die nachfolgenden Skizzen sind Fragmente, einerseits Ergänzungen zu meinem 1871 erschienenen Werke: „Geschichte der Juden in Berlin" (Berlin 2 Bände), andererseits Ergebnisse aus Studien zu einem größern Werke über die Kulturgeschichte Berlins während der neuern Zeit, welches ich vorbereite. Die Beiträge ersterer Art (Nr. 4, 5 und der Schluß von Nr. 3 entstammen einem größern handschriftlichen Material, das ich vor nun beinahe 20 Jahren gesammelt und durchgearbeitet, nun aber durchge= sehen, ergänzt und zum Druck vorbereitet habe; die letzterer Art sind Quellenschriften entnommen, welche ich nun zum ersten Male durchzunehmen Gelegenheit fand. Die aus ihnen gewonnenen Notizen erscheinen mir für die Geschichte der Juden in Berlin interessant und lassen auch mancherlei Streiflichter auf die Geschichte derselben in anderen Ländern fallen. Der Umstand, daß die meisten der hier folgenden Mitteilungen eben hundert Jahre alt sind, erhöht ihr augenblickliches Interesse und giebt zu merkwür= digen und anregenden Vergleichen Anlaß.

1. Aus der Vossischen Zeitung 1788 und 1789.

Die Berliner Zeitungen des vorigen Jahrhunderts sind mit unseren großen Zeitungen nicht zu vergleichen. Sie enthalten weder Leitartikel noch Feuilletons, noch Lokalberichte; sie bringen nichts als amtliche, gerichtliche und private Anzeigen und in dem redaktionellen Teile ausschließlich politische Berichte aus dem Auslande; der politische Artikel: Inland fehlt durchaus, etwaige Correspondenzen aus den preußischen Städten sind nur der Mit= teilung merkwürdiger Naturereignisse oder feierlicher Begrüßungen von Mit= gliedern des Königshauses gewidmet. Daher findet man über speziell Ber= liner Ereignisse, soweit sie nicht durch amtliche Erlasse oder Berichte illu= striert werden, nichts verzeichnet: denn Notizen über die Auffahrt des Luft= schiffers Blanchard gehören schon mehr zu den offiziellen, da der König an derselben das lebhafteste Interesse nahm; und es ist gewiß ungemein charak= teristisch, daß über die große Kälte, welche am Ende des Jahres 1788 herrschte, wohl aus vielen preußischen und deutschen Städten Nachrichten mitgeteilt sind, solche über Berlin dagegen in einer Berliner Zeitung vollständig fehlen.

Aus diesem Grunde ist die Vossische Zeitung, die damalige Haupt-
zeitung Berlins — außer ihr gab es nur noch eine, die Spenersche Zeitung, die gleich jener, nicht etwa täglich, sondern dreimal wöchentlich, in
denkbar dürftigster Ausstattung, in kleinem Format und geringem Umfang
erschien — in ihrem politischen Teil keine genügende, ja nicht einmal eine
ausgiebige Quelle für die Geschichte der Juden Berlins. Die ausführlichen
und häufigen Nachrichten über Verhältnisse und Schicksale der Juden an
anderen Orten sind aber deswegen wichtig, weil sie die Stimmung der
Berliner Bevölkerung zum Ausdruck bringen. Zwar enthalten ja diese
Berichte — und auch dies gehört zum Charakteristischen des Berliner Zei-
tungswesens — keine Urteile, aber die Auswahl der aufgenommenen und
die Fassung der meisten zeigt, daß wir uns in dem Berlin der Aufklärungs-
zeit befinden und daß die Herausgeber der Zeitung den Kreisen nicht fern
standen, welche für Emanzipation der Juden in und außerhalb Berlins
thätig waren.

Nach diesen wenigen einführenden Bemerkungen mögen die Zeitungs-
berichte möglichst in chronologischer Reihe folgen.

Die Vossische Zeitung vom 17. August 1788 Stück 95 enthält den
Auszug eines Briefes aus dem Oesterreichischen 29. Juli, der mit den
Worten beginnt: „Bekanntermaßen erging vor einiger Zeit von Seiner kaiserlichen Majestät der Befehl, einen Teil von den in seinen Ländern wohnenden Juden zum Kriegsdienst auszuheben. Kaum war dieser Befehl bekannt
gemacht, sandten schon die Judengemeinden in Galizien Deputierte nach
Wien, um bei dem Hofe dagegen Vorstellungen zu thun, zu welchem Ende
sie auch die Triester Judenschaft aufforderten, um mit ihnen gemeinschaft-
liche Sache zu machen. Wahrscheinlicherweise gründet sich ihre Widersetz-
lichkeit auf die Furcht, daß ihre Glaubensgenossen im Felde die Ceremonial-
gesetze nicht würden beobachten können. Ihr Aufforderungsschreiben wurde
von der Triester Judengemeinde in einem hebräischen Briefe beantwortet,
der den Gesinnungen der Juden sowohl in Betracht der Ehrfurcht und
Dankbarkeit gegen ihren huldreichen Landesvater als der aufgeklärten Begriffe gewiß Ehre macht." Die Triestiner (unterzeichnet sind die Verord-
neten, zugleich im Namen ihres Rabbiners) rühmen in dem wörtlich mitgeteilten Briefe den Monarchen, der die Juden zu Handwerken, Künsten
und Wissenschaften zulasse und nun auch wolle, daß sie wider die Feinde
des Vaterlandes die Waffen ergreifen. Einem solchen Vertrauen müsse
man entgegenkommen. Die Talmudisten haben die Juden in Kriegszeiten
von vielen Ceremonien freigesprochen. Man müsse dem kaiserlichen Befehl
durchaus Folge leisten; das einzige, was man zur Beschwichtigung der Bedenken Einiger thun könne, sei, den Kaiser zu bitten, eine Kommission, be-
stehend aus hohen Staatsmännern, Rabbinern und Vorstehern der Judenschaft zu ernennen, die wegen Beobachtung der Ceremonien das Nähere
bestimmen soll. Das Schreiben ist ungemein merkwürdig, weil gerade die
Nicht-Zuziehung der Juden zu Kriegsdiensten von den Feinden derselben als
Grund gegen ihre Emanzipation betrachtet wurde und weil ferner die
orthodoxen Juden das Ceremonialgesetz beständig als Grund anführten,
keine Kriegsdienste zu leisten.

Auf diese Berufung der österreichischen Juden zum Militärdienst beziehen sich zwei in mein Exemplar der Dohm'schen Schrift — welche bekanntlich ein Kapitel der Betrachtung über die Tauglichkeit der Juden zum
Kriegsdienst widmet — eingeschriebene Gedichte, die aber zu schmutzig sind,
um hier mitgeteilt zu werden. Ueber dieselbe Angelegenheit handelt ein
„authentisches Schreiben aus Prag" (Voss. Ztg. 28. Mai 1789). Es
schildert eine Szene, die bei der Aushebung von 25 Juden zum Militär-
fuhrwesen stattfand. Der Rabbiner fuhr, so meldet der Berichterstatter, in
die Kaserne, hielt den jüdischen Soldaten eine Rede, in welcher er sie zum
Gehorsam gegen den Kaiser und zur Treue gegen ihre Religion und gegen
deren Gebräuche aufforderte. Ein Passus der Rede lautet: „Erwerbt euch
und unserer ganzen Nation Dank und Ehre, damit man sehe, daß auch unsere
bisher unterdrückte Nation ihren Landesfürsten und ihre Obrigkeit liebt und
ihr Leben im Fall der Not aufzuopfern bereit ist." Der Briefschreiber
konstatiert den rührenden und erhebenden Eindruck, den die Rede und die
ganze Szene auf alle Anwesenden machte. — Eine fernere, auf denselben
Gegenstand bezügliche Nachricht (Voss. Ztg. 13. Juni, in einer Korresp. aus
Frankft. a. M.) meldet: „Von den Juden, die in den kaiserlichen Armeen
dienen, haben sich einige bereits durch ein sehr gutes Betragen ausgezeichnet.
Der Prinz von Hohenlohe hat einen, der im vorigen Jahre bei den Szekler
Husaren Dienste nahm, weil er vielen Mut zeigt, zum Wachtmeister avan-
ciert. Zwei andere, die bei ihren Regimentern schon Unteroffiziere waren,
sind als Lieutenants bei dem Bukassowichischen Freikorps angestellt worden."
Freilich heißt es dann auch (Voss. Ztg. 23. Juni, Korresp. aus Oesterreich)
daß in Prag ein Jude desertierte und Spießruten laufen mußte. „Einem
besondern Befehl des Kaisers zufolge", meldet die Voss. Ztg. vom 23. Juli,
„können künftig die Juden, die bisher nur bei dem Fuhrwesen Dienste
thaten, auch als Soldaten angestellt werden; doch soll dabei keine Gewalt,
sondern blos Ueberredung statthaben."

Auch sonst ist die Vossische Zeitung der Jahre 1788 und 1789 für
die Geschichte der Juden merkwürdig genug. Ein Bericht aus Utrecht
meldet, daß deutsche Juden dort zum Wohnen zugelassen seien. Ein Brief
aus Paris zeigt an, daß der König den Minister Malesherbes beauftragt
habe, Vorschläge zu thun, wie man die Juden dem Staate nützlich machen
könne, und eine Anzeige der kurmärkischen Domänen- und Kriegskammer
vom 24. Juli macht bekannt, daß auf Befehl des Königs die ausländischen
jüdischen Handelsleute, sobald sie zur Frankfurter Messe reisen, gleich den
inländischen Schutzjuden vom bisherigen Leibzoll befreit bleiben sollen. Dem
Setzer scheint das so wunderbar vorgekommen zu sein, daß er das Wort
„befreiet" zweimal hintereinander setzte!

Indessen über diese für die Juden so ungemein wichtige, wenn auch
freilich damals noch nicht völlig ein- und durchgeführte Maßregel, die Abschaffung des Leibzolls (vergl. m. Gesch. d. Juden II, S. 172), weiß die
Zeitung nichts Weiteres zu sagen[1].

---

[1] Ueber die Art, wie bei solcher Gelegenheit die Juden behandelt zu werden
pflegten, vgl. die Schilderung eines Zeitgenossen in dem Sammelwerk „Berlin im J.
1786," Berlin 1886 S. 8 ff.

Die damaligen Berliner und demgemäß auch die Berliner Zeitungen sahen mit gespannter Aufmerksamkeit auf die Ereignisse in Frankreich. Zu den bisher noch nicht geschriebenen, überaus interessanten und wichtigen Kapiteln einer vergleichenden Litteraturgeschichte gehört die Betrachtung der Beziehungen der deutschen Litteratur zur französischen Revolution. In diesem Kapitel würde das Verhalten der Zeitungen zu lehrreichen Betrachtungen Veranlassung geben. Auch die Vossische Zeitung ist in dieser Hinsicht nicht unwichtig. Bis zur Erstürmung der Bastille schenkt sie Frankreich so gut wie gar keine Beachtung; der aus Paris datierte, aber wohl in Berlin angefertigte Korrespondenzartikel fehlt nicht selten ganz, nimmt, wenn er überhaupt vorhanden ist, nur wenige Zeilen ein, und steht hinter großen, oft spaltenlangen Berichten über östliche und nördliche Hof- und Militärverhältnisse. Nach jenem bedeutsamen Ereignis, das man als den eigentlichen Beginn der revolutionären Bewegung zu betrachten gewohnt ist, fehlt der Pariser Artikel in der Vossischen Zeitung niemals, er überragt an räumlicher Ausdehnung die übrigen und steht oft genug unmittelbar hinter den amtlichen Anzeigen, welche beständig an der Spitze des Blattes figurieren.

In einer dieser Pariser Korrespondenzen nun (Voss. Ztg. vom 10. September 1789) wird am 26. August das von der Pariser Judenschaft an die französische Nationalversammlung überreichte Schreiben zum Abdruck gebracht. Die Juden erachten es in demselben eigentlich für selbstverständlich, daß auch ihnen das Bürgerrecht gegeben worden, da durch den Beschluß der Versammlung „dem Menschen die erste Würde wiedergegeben" sei, bitten aber noch einmal darum, „in den Dekreten der jüdischen Nation besonders zu erwähnen, und so uns den Namen und die Rechte der Bürger zu bestätigen." Sie erklären, daß sie gerade durch Treue gegen ihre Religion dem Staate nützlicher werden könnten als durch Gleichgiltigkeit gegen dieselbe, sie erklären ferner, nur das Wohl des Vaterlandes im Auge zu haben, sie verlangen mit den übrigen Franzosen gleiche Rechtspflege und entsagen darum, „dem uns zugestandenen Vorrechte besondere aus unserer Mitte gewählte und von der Regierung ernannte Oberhäupter zu haben[1]).

---

[1]) Wenige Monate später erschien eine im Inseratenteil der Voss. Ztg. angezeigte Schrift u. b. T. „Sammlung der Schriften an die Nationalversammlung die Juden und ihre bürgerlichen Verhältnisse betreffend. Aus dem Französischen. Berlin 1789. Bei Petit und Schöne". 134 SS. Sie enthält außer der im Text schon erwähnten Adresse der Pariser Juden, Bitt- und Dankschreiben verschiedener französischer Gemeinden an die Nationalversammlung oder einzelne Deputierte, außerdem eine Denkschrift von Isaac Beer Bing für die Metzer Juden, einen Vortrag des Grafen von Clermont-Tonnerre über die Verfolgung, welche die Juden im Elsaß bedrohen und die bekannte Vorstellung Grégoires für die Juden. Die Zuthaten des Herausgebers bestehen in einzelnen Zusätzen, die manchmal als „Anmerkungen eines Juden" charakterisirt sind. Der Herausgeber L. B. (Lazarus Bendavid?) dankt für die Mitteilung der Originale und für die Uebersetzung des Schreibens der Pariser einem Manne, „dessen menschenfreundliche Gesinnungen überhaupt und insbesondere dessen einsichtsvoller Eifer für das Beste seiner Nation allgemein anerkannt wird". Diese Worte Bendavids weisen wol auf Friedländer hin. Sicher ist dieser in der Berl. Monatsschrift 1791 Aug. „Antwort der Juden in der Provinz Lothringen, auf die der Nationalversammlung von der sämtlichen Stadtgemeine zu Straßburg über-

Eine fernere Korrespondenz derselben Zeitung aus Wismar (26. Sept.) meldet, daß der Generalgouverneur von Schwedisch-Pommern, Fürst von Hessenstein, seine Aufmerksamkeit auf die bessere Erziehung der Judenkinder richte und „in dieser Absicht dem Rektor Großcurd zu Stralsund[1]) den Auftrag gegeben habe, einen zweckmäßigen Plan dazu zu entwerfen."

Für die Verhältnisse jener Zeit charakteristisch ist folgende Anzeige — ähnliche finden sich öfters — in der Voss. Ztg. 17. Sept.: „Es sind zwei silberne Deckel auf kleine Ragoutöpfe verloren gegangen, auf dem Deckel ist eine Frucht. Die Herren Goldschmiede und die löbl. Judenschaft werden ersucht, wenn sie zum Verkauf oder Taxieren gebracht werden sollten, sie anzuhalten und bei dem Goldschmied Goebel gegen eine billige Belohnung anzuzeigen"[2]). Ueber nicht-berlinische jüdische Verhältnisse berichtet St. 122 vom 10. Okt., in Fulda sei die Verordnung erneuert worden, „daß alle Kontrakte zwischen Christen und Juden ungültig sein sollen, wenn sie nicht wenigstens in einem Zeitraum von 9 Tagen bei den Beamten des kontrahierenden Christen eingereicht, untersucht, kontrollirt und bestätigt worden sind." Eine Wiener Korrespondenz vom 7. Okt. (Voss. Ztg. 20. Okt., St. 126) daß den Juden Ankauf von Staatsgütern bei Versteigerungen gestattet sein solle; doch dürfen sie weder ihren Glaubensgenossen Gewerbe zuteilen noch dieselben außer ihren Familienmitgliedern auf dem Lande wohnen lassen. 1789 (Voss. Ztg. 6. Juni) wird Gottschalk Samuel Levin[3]), auch Gottschalck Helfft genannt, zum ordentlichen Agenten beim Kriegs- und Domänendirektorium ernannt „in Betracht, daß er seit vielen Jahren die Aufträge verschiedener hiesigen und auswärtigen Juden und Judenschaften in ihren Privilegien und Gnadenangelegenheiten mit Treue und zur Zufriedenheit derselben besorget hat."

---

reichten Bittschrift" übersetzt. Die Uebersetzung erschien auch separat, Berlin, Spener. Vgl. Allg. d. Biblioth. Bd. 113 S. 280. Friedländer bemüht sich dabei gegen Schlözer zu polemisieren, der in seinen „Staatsanzeigen" sich über die Schrift der Straßburger ungünstig geäußert hatte. — In der in der ersterwähnten Sammlung mitgeteilten Rede Grégoires wird die Frage, ob die Juden Soldaten sein sollen, behandelt und bejaht. Dabei heißt es S. 119: „In der Berliner Zeitung werde auch einmal das Gewissen der in kaiserl. Diensten getretenen Juden über diesen Punkt beruhigt" und in der Anmerk. b. Uebers. dazu „Vermutlich meint der Verf. die Rede des Rabbiners zu Prag, die er den jüdischen Enrollirten hielt."

[1]) Ueber diesen Rektor Chr. Heinr. Großcurd (1747—1806, Rektor von 1799 bis 1804) vgl. E. Zober, Zur Geschichte des Stralsunder Gymnasiums 5. Beitrag, Stralsund 1859, S. 42—44, 65 fg. Unter seinen Schriften werden aber nur Uebersetzungen aus dem Schwedischen, Reden und Schulschriften erwähnt, nicht aber das Gutachten, dessen im Texte gedacht wird. Es ist ebensowenig bei Meusel, Lex. der jetzt leb. Schriftst. II, 675 fg. angeführt, wo man sonst eine Anzahl Ergänzungen zu G.'s schriftstellerischen Versuchen findet.

[2]) Zum Verständnis dieser Notiz muß darauf hingewiesen werden, daß damals die gesamte Judenschaft für Diebstähle solidarisch haftbar war; eine ungemein drückende Bestimmung, um deren Abschaffung sich die Berliner Aeltesten vergeblich bemühten. Vgl. m. Gesch. d. J. in Berlin II, S. 108—117. In dem Jahrg. 1789 und 1790 der Berliner Zeitungen finden sich nicht selten Anzeigen von Juden des Inhalts, dieser oder jener Gegenstand sei von ihnen als verdächtig angehalten worden, der Eigentümer möge sich melden.

[3]) Vielleicht der Vater der in Gesch. d. J. Berlins II, 145 unter dem 14. Apr. 1789 genannten vier Kinder.

Zur Thätigkeit der Juden gehört damals in erster Linie das Geld-
und Wechselgeschäft[1]). Es ist nun nicht uninteressant, zu verfolgen, wie
Einzelne derselben in ähnlicher Art wie der Obengenannte zu einer gewissen
offiziellen Stellung gelangten. So war Isaac Daniel Itzig[2]) Hofbankier
— gewiß kein bloßer Titel — und manche jüdische Kaufleute oder Bankiers
hatten, wenn auch wol nicht als angestellte, so doch als anerkannte Kollekteure bei der preußischen Lotterie zu thun. Daß dies der Fall ist, geht
aus dem Umstande hervor, daß in den amtlichen Verzeichnissen der Direk-
tion viele genannt werden, als in deren Kollekten Gewinne gefallen sind.
Aus derartigen Verzeichnissen (Voss. Ztg. 14. März, 7. April,
12. Mai, 29. Okt., 5. Nov. 1789) stelle ich folgende Namen jüdischer
Kollekteure in und außerhalb Berlins zusammen. In Berlin: Burgfeld,
L. S. Biltow, S. David, B. Ephraim, Lazarus Hanau, David Hirsch,
Aron Levin, Jak. Meyer, S. Moses, Nathan L. Oppenheimer, Joel Sachs,
Levi Sachs, D. Veit; in Emden: E. J. Levy; in Frankfurt a. O.:
R. Hirsch; in Friedland: Nathan; in Halberstadt: J. Susmann; in Hamm:
Isaak; in Luckenwalde: Moses; in Potsdam: Joel Israel, Selig Moses;
in Schwelm: M. Juda; in Wesel: J. Gerson; in Wittmund: J. Moses;
in Zehdenick: Hirsch.

Der eine derselben, welcher (Voss. Ztg. 4. April 1789) der „entwichene
Schutzjude und Lotterieeinnehmer David Veit" genannt wurde, muß das
Geschäft im Großen betrieben haben: die von ihm angestellten Untereinneh-
mer werden aufgefordert, sich bei der Lotteriedirektion zu melden. — Einen
unbekannten Interessenten „erinnert" Bielefeld, Schutzjude und Lotterieeinnehmer allhier (Voss. Ztg. 5. Mai 1789), sich seinen Gewinn abzuholen.

Wie in einem der letztgenannten Fälle, so hatten sich auch sonst manchmal die Zeitungen und, fügen wir nur gleich hinzu, die Gerichte mit flüch-
tigen und bankerotten Juden zu beschäftigen. Nur einer dieser Fälle mag
hervorgehoben werden.

In einem Steckbrief gegen einen in der Berliner Hausvoigtei inhaf-
tiert gewesenen Prenzlauer Schutzjuden Caspar Jacob heißt es: „Er ist
ohngefähr 45 Jahr alt, kleiner Statur, nicht stark, hat ein blasses Aussehen,
vorzüglich große Nase, rotes Haar, trägt eine Perucke, keinen Bart,
braucht stark Schnupftaback und führt deswegen eine große Tabacksdose bei
sich; er spricht durchgängig in einem sehr freundlichen Ton und demonstriert
stark mit der rechten Hand; er geht sehr grade und thut sehr stolz." In
der Nummer vom 26. März (wiederholt 2. April) wird eine Belohnung
von 200 Thlrn. für seine Einlieferung versprochen. Ein neues Edikt des
Polizei-Direktoriums vom 3. April fordert denjenigen, bei dem sich der
Genannte aufhalte, zur sofortigen Anzeige und Auslieferung auf, widrigen-
falls der Hehler mit Festungsstrafe belegt „und wenn er ein Jude ist, noch
überdem seines Schutzprivilegii verlustig gehen soll." Ueber sein Vermögen
wird der Konkurs verhängt (16. April.)

---

[1]) Vgl. einzelne Notizen darüber a. a. O. S. 144.
[2]) Nicolai, Beschreibung I, S. 350 nennt ihn und Ephraims Erben als die
einzigen wirklichen jüdischen Bankiers.

Die Sache machte derartiges Aufsehen, daß eine Wochenschrift, die freilich mit Vorliebe Skandalangelegenheiten behandelte, die „Berlinischen Merkwürdigkeiten" St. 29 und 30 einen Artikel brachte: „Der gefangene Jude Kaspar Jacob." Derselbe enthält freilich nicht vielmehr als die oben erwähnten und skizzirten Aktenstücke; nur fügt er hinzu, daß man den Gesuchten am 14. April bei einem Glaubensgenossen in einem Kleiderschranke versteckt fand.

Daß die Juden keineswegs blos Handel trieben, geht aus folgender Annonce hervor (3. Dez.): „Die Tochter des Juden Abraham Lax, wohnhaft in der Rosenstraße bei dem Kupferschmied Seiler macht dem geehrten Publikum hierdurch bekannt, daß sie Kanten repariert und selbige sauber zusammensetzt, auch in Tischzeug dasselbe Muster hereinstoppet, empfiehlt sich daher bestens und verspricht billiges Akkomodement."

Ueber die jüdischen Gelehrten Berlins erfährt man aus der Zeitung so gut wie nichts. Das ist freilich nicht sehr verwunderlich: denn der literarische Teil des Jahrgangs 1789 der Zeitung „von Staats- und gelehrten Sachen" ist von einer unbeschreiblichen Dürftigkeit. Nur zwei Bemerkungen habe ich gefunden; sie verdienen eine Hervorhebung. Die erste ist eine von dem Generalchirurgen J. C. A. Theden (Berlin 23. Februar 1789) unterzeichnete Erklärung gegen die Aufnahme seines Namens und desjenigen des M. Herz in die Liste der „Union der XXII", einer von Bahrdt gegründeten geheimen Gesellschaft; eine Liste, die in dem 1789 bei Göschen erschienenen Buche „Mehr Noten als Text oder die Union der XXII" abgedruckt war. In der Erklärung heißt es: „Im Juli 1788 ward der Herr Prof. Herz eingeladen zu einer geheimen Gesellschaft der sogenannten XXII zu treten. Man sandte ihm zugleich mit der Einladung eine namentliche Liste der Mitglieder von sehr angesehenen bekannten Männern. Da unter diesen sich auch mein Name befand, so besprach sich Herr Prof. Herz sogleich mit mir und ich beteuerte ihm, daß ich nicht in der mindesten Verbindung mit dieser Gesellschaft stehe noch stehen möge. H. Herz, der mit äußerstem Befremden seinen Namen als schon verbundenes Mitglied aufgezeichnet fand, schlug unverzüglich die Einladung ab und bezeigte den XXII meinen Mißfallen wegen ihrer verbreiteten Lügen [1])."

Eine der sehr seltenen Bücherbesprechungen (29. Dezbr.) gibt Sal. Maimons „Versuch über die Transcendentalphilosophie." Die eigentliche Beurteilung bezw. Belobigung des philosophischen Teils übergehe ich; der Schlußsatz aber gehört durchaus in unser Bereich. Er lautet: „Die Bewunderung für den scharfsinnigen Verfasser und für seine im Verhältnis des tiefen Gegenstandes sehr deutliche Schreibart vermehrt sich noch, wenn

---

[1]) Beiläufig mag bemerkt werden, obwol dies streng genommen die Juden nichts angeht, daß am 19. März Hippel sehr energisch gegen seine Aufnahme protestierte, ebenso (4. April) in einer Gesamterklärung Hintz, Scheller, Bruno, Prellwitz, Scheffner. Ihre Namen seien wider ihr Wissen und Wollen in die Liste aufgenommen worden, welche Bewandnis es auch mit andern uns sehr schätzbaren Personen haben mag." Endlich (14. Mai) erklärt auch der Hofprediger J. P. Bamberger, daß er nicht den geringsten Anteil an der „Deutschen Union" genommen habe; in der Nummer vom 23. Mai Mangelsdorff, daß er nach seiner deutlichen Erklärung über Eid und unbekannte Obere nicht erwartet hätte, seinen Namen in der Liste zu finden.

man bedenkt, daß dieser Verfasser ein nicht unter den günstigsten Umständen lebender polnischer Jude ist."

Mit den eben beigebrachten literarischen Notizen steht eine auch für die allgemeine Kulturgeschichte nicht unwichtige Notiz im Zusammenhang, welche den Schluß dieser Zeitungsauszüge machen soll. Die königlichen Prinzen wurden im Jahre 1789 geimpft. Das galt damals, da es eben keineswegs allgemein vorkam, als hochwichtiges Ereignis, über welches die Zeitungen wiederholentlich berichteten¹). Der englische Arzt Brown, der selbst die Inokulation vorgenommen hatte, wurde (Voss. Ztg. 17. Dez.) zum Geh. Rat und wirklichen Leibarzt ernannt, erhielt ein Geschenk von 10000 Thlrn. und das Versprechen, daß seine jährliche Pension bei der ersten Vakanz von 600 auf 1200 Thlr. erhöht werden solle. Dies Ereigniß gab Gelegenheit zu manchen patriotischen Huldigungen. In der Voss. Ztg. vom 3. Dezbr. zeigte die Petit und Schöne'sche Buchhandlung zwei Schriften an: „Die Freude eines Patrioten über die glückliche Inokulation der königlichen jüngsten Prinzen und Prinzessin von Preußen", ferner „Lied eines preußischen Husaren bei S. K. Hoheiten des Kronprinzen und Prinzen Louis von Preußen Durchmarsche aus dem Scharmützel der Pocken." Auch die Juden ließen sich die Gelegenheit nicht entgehen, ihre patriotische Gesinnung zu zeigen. Eine Annonce (Voss. Ztg. 12. Dez.) machte bekannt: „Gebet der Judenschaft in Berlin, bey Gelegenheit daß den Königlichen Kindern die Blattern eingeimpft worden; abgefaßt von Hrn. Hartwig Wessely; ist den 19. Nov. von den Hrn. Ober-Landesältesten auf Kosten der Gemeine hebräisch und deutsch gedruckt und auf vieles Begehren abermals aufgelegt worden." In ihrer nächsten Nummer (15. Dez.) brachte die Zeitung eine Korrespondenz aus Breslau (8. Dez.); „Außer den Gebeten, die in unseren Kirchen für die glückliche Wiederherstellung der Königl. Kinder gehalten worden sind, hat auch die hiesige Judengemeine ein hierzu besonders aufgesetztes Gebet täglich in ihren Synagogen gehalten, desgleichen auch einige hierauf passende Psalmen ebendaselbst vorlesen lassen²)."

---

¹) Freilich starben im Jahre 1789 in Berlin 914 Personen an den Blattern (vgl. Mortalitätstabelle in der Berl. Monatsschr. 1790, 1. Stück). Die Spener'sche Ztg. 2. Jan. 1790, die diese Notiz der Monatsschrift entnimmt, fügt hinzu: „Gottlob, daß unter den letztern kein Prinz des Königlichen Hauses ist, und diese nun sämtlich vor dieser entsetzlichen Krankheit gesichert sind." — Ludewig v. Baczco veröffentlicht in der Voss. Ztg. 14. Jan. 1790 ein Gedicht: „Empfindungen eines durch die Blattern Blindgewordenen bei der Genesung des Kronprinzen und Seiner Königlichen Geschwister."

²) In einer Anmerkung sollen wenigstens einzelne Notizen aus dem Jahrgang 1790 der Vossischen Zeitung zusammengestellt werden. Ueber die Stellung der Juden in Frankreich gibt ein „Schreiben eines Juden in Paris an seinen Freund in B." (Voss. Ztg. 18. März 1790) nähere Nachricht. Es wird darin die Hoffnung ausgesprochen, die Juden würden bald bourgeois actifs werden; dann folgen Mitteilungen über die Juden, welche in niederen und höheren Stellungen in der National-Garde dienen. In der Beil. zum 34. Stück (20. März), wird eine neue Adresse der Pariser Juden an die Nationalversammlung mitgeteilt, von welcher der Korrespondent sagt, die Freimütigkeit gehe darin bis zur Kecheit. Im April 1790 meldet dieselbe Zeitung, die Gemeinde Straßburg wolle der Judenschaft erst dann Bürgerrechte gewähren, wenn dieselbe sich durch Landbau und Handwerksthätigkeit deren würdig gemacht habe. Am 16. Sept. 1790 erzählt eine Korrespondenz von dem Brande in Basel und den gemachten Löschversuchen, „wobei sich die hiesige Judenschaft, ob sie gleich

2. Aus alten Berliner Adreßbüchern.

Das gegenwärtige Berliner Adreßbuch, in seiner stattlichen Ausdehnung ein Riese gegenüber den Büchelchen, welche im 18. Jahrhunderte
und in den ersten Jahrzehnten des 19. dem gleichen Zwecke dienten, offi-
zielle Mittheilungen über die Berliner Bevölkerung zu geben, enthält Mittheilungen über Juden nur im 4. Theile, wo es in der Zusammenstellung
von Kirchen und Schulen, Anstalten und Instituten, Gesellschaften und
Vereinen auch der jüdischen Gemeinde, ihrer wohlthätigen und wissenschaft-
lichen Einrichtungen, ihrer Synagogen und deren Beamten gedenkt. In den
übrigen Theilen jedoch, dem alphabetischen Verzeichniß der Einwohner, dem
Verzeichniß sämmtlicher Häuser mit Angabe der Eigenthümer und Miether,
der Aufzählung der Einwohner nach ihren Beschäftigungen und Gewerben
findet man keinerlei Hinweis auf die Confession der einzelnen Bürger.

Anders in den alten Berliner Adreßbüchern, von denen vier auf
die Jahre 1759, 1773, 1789 und 1806 mir vorliegen. Der Haupt-
unterschied zwischen diesen und dem gegenwärtig üblichen ist der, daß
während gegenwärtig das Hauptgewicht darauf gelegt wird, sämmtliche
Einwohner zu verzeichnen, damals im Wesentlichen nur ein Beamten-
verzeichniß gegeben wird, wie schon aus dem Titel hervorgeht: „Adreß-
kalender der königl. Haupt- und Residenzstädte Berlin [seit dem Ende des
8. Jahrzehnts tritt Potsdam hinzu] und der daselbst befindlichen hohen
und niederen Collegen, Instanzien und Expeditionen". Mit dem Zusatz:
„Herausgegeben mit Approbation der königl. preuß. Akademie der Wissenschaften". (Letztere hatte nämlich das Privilegium für die Kalender; mit
einem solchen aber wurde das Adreßbuch eröffnet.) Damit hing u. A.
auch zusammen, daß eine Person mehrere Male (Minister v. Danckel-
mann erscheint im J. 1759 10 mal) aufgeführt werden konnte und daß
ferner auch die außerhalb Berlins wohnenden „königlichen Ministri und
Bediente" auch die abwesenden Mitglieder der königl. Academie der Wissenschaften — letztere füllen mehrere Seiten — verzeichnet sind.

Wir haben uns indessen hier ausschließlich der Erwähnung von Juden
zuzuwenden. Solche findet sich im Kalender von 1759 gar nicht. Nur
bei der Aufzählung des ersten Senats des Kammergerichts heißt es „be-
stehend aus dem combinirten Hof- und Kriminalgericht, Kriminal-Kollegia
und der Juden-Kommission", aber es fehlt ebensowohl die besondere Angabe
der Mitglieder der letztgenannten Kommission, als der Hinweis auf ihre
einzelnen Obliegenheiten [1]). Ob die S. 69 genannte „Agnes Rahel

einen doppelten Feiertag hatte, vorzüglich thätig bewiesen." Endlich sei auf eine
Annonce in der Spenerschen Zeitung (24. März 1791) hingewiesen: Der französische
Prediger Garagnon zeigt an, daß er seine französischen Unterrichtsstunden vermehre,
da er gehört habe, „daß verschiedene Familien der löblichen Judenschaft innigst wünschen, daß ihre Kinder an dem Unterricht Anteil nehmen könnten."
[1]) Letztere lernt man aus Nicolais Beschreibung I, S. 248 kennen, wo es heißt:
„Als Judenkommission gehörten für dieses Kollegium die Rechtssachen sämtlicher in
hiesigen Residenzen wohnhaften Juden insofern sie nicht die Summe von 100 Thlrn.
übersteigen, oder nicht eine wechselmäßige Klage zum Grunde haben, in welchen beiden
Fällen die Juden beim zweiten Senat belangt werden müssen."

verehelichte Peschloin, verehdigte Taxatricin" oder die S. 171 unter den
Hebammen aufgeführte „Verehligte Knabin, wohnt in der großen Hamburger-
straße im Judenhause" [1]), Jüdinnen sind, muß völlig zweifelhaft bleiben,
obwol bei der Erstern der Name, bei der Letztern die Wohnung dafür zu
sprechen scheint. Aber da die Bezeichnung des Glaubensbekenntnisses fehlt,
so wird man wol annehmen müssen, daß es damals keine jüdische Hebamme
gab, die Genannte aber von der Judenschaft vorzugsweise gebraucht wurde.
        Größere Beachtung finden die Juden in dem Kalender von 1773.
Zwar Mendelssohns Namen sucht man vergebens — hatte er doch kein
öffentliches Amt [2]) — aber es werden (S. 65) 7 „verehdete Juden-
Mäckler" aufgezählt, gegenüber 5 christlichen: Benjamin Levi, Aaron
Hollander, Mosis Levi Wallach, Hirsch Bendix, Levin Neuburger, Philipp
Mendel, David Aaron Koen; ferner zwei „approbirte Medici jüdischer
Nation": Benjamin de Lemos — bekanntlich der Vater der Henriette
Herz — und der als Gelehrter berühmte Marc. Eliesar Bloch. Eine
jüdische Hebamme gibt es nicht; der Frau Knabin ist ihre Tochter Dorothea
Sophia Röberin gefolgt (S. 177). Dagegen hat ein Jude eine halb
officielle Stellung; unter den Translatores — und zwar direct hinter
den „Schreibmeistern, so zur Comparatione Litterarum verpflichtet worden"
befindet sich (S. 83) „Hr. Isaac Lazarus Jaffai, wohnt in der neuen
Friedrichsstraße am Spandauer-Thor in des Fechtmeister Meyers Hause."
        Daß Letzterer ein Jude ist, geht wohl unzweifelhaft aus dem Namen
hervor; im Kalender von 1789 erscheint er wieder (S. 139), doch hat er
hier die auch jetzt noch übliche Form des Namens angenommen: Jaffé, hat
seine Wohnung verändert, er wohnt nun „in der Heydereutergasse ohnweit
der Synagoge im Ephraimschen Hause", vor Allem aber, er ist nicht mehr
blos Translator, sondern vereideter Schreibmeister. Dieser Fortschritt in
der Stellung der Juden zeigt sich auch sonst. Auch in dem Kalender von
1789 treten uns weiter die „verehdeten Juden-Mäckler" entgegen (S. 116;
von den früher genannten 7 sind drei: Hollander, Mendel, Neubürger
wahrscheinlich durch den Tod ausgeschieden); viel bedeutsamer ist, daß unter
dem Hofstaat Sr. königl. Hoheit des Prinzen Heinrich (S. 28) zwischen
dem Geh. Kämmerer und der Domänenkammer aufgeführt wird: „Hofbankier Hr. Isaak Daniel Itzig, wohnt an der Friedrichsbrücke in der
Burgstraße im Itzigschen Hause." Als noch merkwürdiger darf der Umstand hervorgehoben werden, daß bei der Verwaltung des Königl. National-
Theaters, an dessen Spitze Ramler und Engel, ersterer mit unendlich
langem Titel, stehen, bei der „untergeordneten Theater-Administration"
(S. 325) zwei Juden angestellt sind: „Lipmann Itzig, Gehülfe bei der
Tages-Einnahme", gewiß kein Verwandter des ebenerwähnten, durch Reich-

---

[1]) Da die Häuser keine Nummern hatten, so mußten sie ziemlich umständlich
nach ihrer Lage und nach dem Namen des Eigenthümers angeführt werden, z. B.
„wohnt vor dem Köpnicker Thor, in der Jacobsstraße ohnweit der Köpenicker
Kirche", oder „wohnt in der Baumgasse neben dem Töpfer Hammer in ihrem
Hause". Erst der Kalender von 1806 fügt den einzelnen Häusern Nummern bei.
        [2]) Dagegen findet sich unter den auswärtigen Mitgliedern der Academie (S. 40)
„Hr. Leßing, Herzoglich Braunschweigischer Bibliothecarius zu Braunschweig."

thum und Bildung gleich hervorragenden Hofbankiers und „Eßig Kohn
Lazarus, Theater= und Kaffen=Diener"; auch der unter den Billet=Ein=
nehmern an letzter Stelle genannte „Veit wohnt in der Mauerstraße in
seinem Hause" (S. 326) dürfte ein Jude sein. Das eigenthümlichste
Zeichen von officieller Beachtung, welche die Juden fanden, ist die in dem
zweiten, Potsdam gewidmeten Theile unseres Buches, befindliche Aufzählung
der „Jüdischen Synagoge" nach Erwähnung des griechischen und katho=
lischen Gottesdienstes. Als Beamte der Synagoge werden genannt: „Daniel
Koppel, interims=bestellter Rabbiner und Buchhalter von der Hirsch=David
Sammt = Fabrike; Koppel Anschel, Kantor und Schächter, Schlaum
Elias, Klöpper".

Inoffizielle Erwähnungen der Juden sind häufig genug. Freilich die
Fabrik, deren Buchhalterstellung für den Potsdamer Rabbiner wol ein=
träglicher war als fein Rabbinat, sucht man vergeblich, aber zwei andere,
von Juden in Potsdam geleitete, werden genannt „Isaac Joel sel. Erben,
Tapen (! etwa Tapeten?) und Manschetten=Broderie=Fabrikanten" und „Isaac
Lazarus Oppenheimer, Sans=Paine (!) Fabrikant". In Berlin wird von
jüdischen Kaufleuten nur einer erwähnt; als einziger „Jouvelier" figurirt
(S. 350) „Hr. Ephraim Veitel, Hofjouvelier und Agent". Als „appro=
birte Aerzte jüdischer Nation" werden 6 genannt: außer dem schon 1773
erwähnten Bloch (Lemos war unterdessen gestorben) Moses Böhme sen.
und Benedictus Böhme jun., Markus Herz, Professor der Philosophie und
Fürstl. Waldeckischer Hofrath, Jeremias Jacob Wolff und David Oppen=
heimer. Auch eine „Gesinde=Mäcklerin jüdischer Nation" wird aufgeführt,
„die verehlichte Wulfin, vermiethet bey Christen und Juden Dienstboten
beyderley Geschlechts" und „Engel Bebrend, verehlichte Hirschen" ist als
„Hebamme der jüdischen Nation" genannt. (S. 345, 349.)

Den großen socialen Fortschritt, den die Juden in den Jahrzehnten
machten, welche mit 1789 begannen, kann man in dem Kalender von 1806
nicht vollständig erkennen. Daß einzelne Fabrikanten, (Jouveller D. J. Ries
an Stelle von Ephr. Veitel), Aerzte (nun bereits 12, von den früheren
leben nur noch zwei), Billeteinnehmer beim Theater verzeichnet sind, be=
deutet keine Aenderungen, aber zwei Notizen kündigen einen Umschwung an.
Die erste ist, daß unter den Officianten des General = Chaussee = Bau=
Departements von der Churmark und Pommern (S. 100) an erster
Stelle genannt wird: „Hr. Israel Daniel Itzig, Hofbaurath" und daß als
„Assessor des berlinischen Manufactur= und Kommerz=Kollegium" sowie als
„Curator der königlichen Handlungsschule, Herr David Friedländer, an der
Präsidentenstr.=Ecke Nro. 1" bezeichnet wird. (S. 213, 250.) Damit ist
ein wichtiger Schritt geschehn, den Juden Eingang in öffentliche Aemter,
Ehrenstellen, welche vom Staate gegeben werden, zu verschaffen; und da=
mit sind zugleich zwei Männer genannt, welche in vorderster Reihe für die
Emancipation der Juden gekämpft haben und daher auch in erster Linie
da genannt werden müssen, wo es sich um die jüdischen Bürger Berlins
handelt.

3. Bücher, Zeitschriften, Pamphlete mit einem urkundlichen Anhang.

Wie Zeitungen und Abreßkalender, so nehmen von Juden auch die Bücher und periodischen Schriften Notiz, ja sie thun dies ihrem Wesen nach in ausführlicher Weise. Denn während Kalender und Zeitungen kurze Aufzählungen und Berichte geben, behandeln die Flugschriften in ausführlicherer Weise ihren Gegenstand. So enthält eine anonyme Schrift „Schattenriß von Berlin (Amsterdam 1788) ein besonderes Kapitel über Juden (S. 48—52). Die Juden werden als Geldleute, aber als unredliche hingestellt, die ihren Reichthum benutzen, um sich die Christen zu verpflichten nnd die Gelehrten zu Apologien zu veranlassen. Der Verf. gefällt sich in Uebertreibungen „der Nazionalreichthum in Berlin befindet sich größtentheils in den Händen der Juden". Lebensart und Bildung schreibt er Juden und Jüdinnen zu, obwol er in der der Letzteren viel Gezwungenes sieht und diese als Vertreterinnen einer nicht immer würdigen Galanterie bezeichnet. Nur eins weiß er zu rühmen. „Die jetzigen Gelehrten von der Judenschaft sind mehrentheils Aerzte und wackere rechtschaffene Männer, die blos für die Wissenschaften leben und über die groben Vorurtheile ihrer Nazion hinweg sind".

Dasselbe Büchlein enthält aber auch in anderen nicht ausschließlich den Juden gewidmeten Abschnitten einzelne Notizen über sie. Aus allen geht die eigentümliche Stellung des Autors hervor: er erkennt in den Juden eine überaus einflußreiche, aber dem Gesammtwohl schädliche Klasse. Für diese Gesinnung characteristisch ist namentlich eine Aeußerung in dem Abschnitt „Staatsrath", (S. 22) die freilich mindestens ebenso beleidigend für die Mitglieder dieses hohen Kollegiums, wie für die Juden ist; diese werden als die Bestechenden, jene als Bestochene denuncirt: „Es gibt Beyspiele, daß die Juden in bedenklichen Fällen, wo sie Jedermann für verloren gab, durch den geschickten und guten Vorschub eines und des anderen ganz rein gewaschen wurden. Das besondere dabei war, daß diese Leute, die schon ganz zur Mission nach Spandau reif waren, einige Tage vor Abfassung des Bescheides, sehr lebhafte Träume von ihrer gänzlichen Absolution gehabt hatten." (Vrgl. eine ähnliche Aeußerung über Judencliquen, S. 69)[1].

Nicht viel glimpflicher geht der Verf. einer „Characteristik von Berlin[2] mit den Juden um. Freilich in dem Kapitel „Juden" (Bd. I, S. 253—256) rühmt er, wenn er auch Wucher und Raub der Juden beklagt, ungemein den Daniel Itzig den er als „einen Mann von edlem Character und unbescholtenen Wandel" bezeichnet, protestirt gegen die Ansicht „unzeitiger Bekehrer", solche Männer müßten Christen werden und versichert, noch keinen jüdischen Proselyten getroffen zu haben, „der es aufrichtig mit dem Christenthume gemeint". In einem andern Kapitel

---

[1] Anderes „vornehme Juden" und „jüdische Damen" als Konzertbesucher S. 90; ein Dezernent erhält einen Verweis, daß er gegen einen Juden, der das Zuchthaus verdient, zu streng verfahren wäre (S. 75). „Das vermochte die Vorbitte eines jungen jüdischen Mädchens mit einem Esthergesichte."

[2] Stimme eines Kosmopoliten in der Wüste. Zwei Bände. Philadelphia 1785. Der 1. Band bezeichnet sich als 2. verbesserte und vermehrte Auflage.

dagegen „Jüdische Wucherer" (Bb. II, S. 67—74) will er den Vorschlägen anderer Schriftsteller, den Juden eine bessere Stellung zu gewähren, nichts wissen und bekämpft ihre „verderbten Grundsätze" und „ver-
kehrte Moral". Er weist auf den bereits von den „Hieroglyphen"
gebrandmarkten Lazarus Samuel als auf einen Hauptbetrüger hin und
nennt die zu Stargard in Pommern hingerichteten Juden als Zeugen des
ungeheuren Grades von Verbrechen, zu welchem die Juden sich erheben.
Wolle man sie dem Staate nützlicher machen, so müsse man sie erst von
innen heraus verbessern; er macht insbesondere Mendelssohn, den er sonst
sehr verehrt, den Vorwurf, daß dieser Philosoph, der den Verstand seiner
Glaubensgenossen zu erhellen suche, es versäume, sie „in Rücksicht ihrer
Moral und ihres bürgerlichen Wandels aufzuklären."

In derselben Schrift I, 206 fg. dagegen findet sich folgende ganz anders geartete, sehr merkwürdige Stelle über die Berliner Jüdinnen, die
wert ist, der Vergessenheit entrissen zu werden. Sie lautet: „Noch zum
Ruhm des hiesigen jüdischen Frauenzimmers sei es gesagt, daß wohlerzogene
tugendhafte, an Herz und Verstand gebildete Mädchen und Frauen nicht
selten unter ihnen sind, und daß man verschiedene antrifft, die Christinnen
beschämen und solche vortreffliche Eigenschaften besitzen, daß sie jedem edlen
Mann Bewunderung und Hochachtung ablocken. Schade daß das Vorurteil
der Religion sie aus dem Zirkel der menschlichen Gesellschaft verweiset, ja
oft hinausstößt, und daß sie ihr Licht nicht verbreiten können, sondern oft
unterm Scheffel verbergen müssen. Sie sind gute Wirthinnen, halten es
sich für keine Schande, rechtschaffene Mütter und treue Weiber zu sein,
haben ein Herz zur wahren Liebe geschaffen und selten brechen sie den
Schwur. Sie kennen die Geschichte ihres Volks, kennen die Geschichte der
Erde und sind zum Teil mit den Werken der großen Männer bekannt, die
unter allem Volk gewirkt haben. — Ich habe bei verschiedenen auserlesene
Bibliotheken und nicht blos Romane und Schwänke, sondern philosophische
und moralische Werke angetroffen. An körperlichen Reizen fehlt es ihnen
auch nicht und es gibt Schönheiten unter ihnen, die sie durch Sittsamkeit
noch mehr zu erheben wissen."

Eine Schrift ganz anderer Art ist die „Philosophische Skizze
von Berlin" (Philadelphia 1788). Die Schrift gibt schon durch ihren
Verlagsort=Bruderliebe ihre Tendenz an; sie führt das Motto; „Das
eigentliche Studium der Menschheit ist der Mensch" und deutet schon dadurch auf ihren Zweck, der echten Menschenwürdigung, der Aufklärung zu
dienen. Unter den Kapiteln befindet sich kein speciell den Juden gewidmetes;
in dem Abschnitt „Religion" wird kein Unterschied zwischen den einzelnen
Konfessionen gemacht, sondern nur zwischen Aufklärung und deren Gegensatz,
in anderen wird Toleranz gepredigt, Aufklärung verherrlicht und Friedrich
der Große als Hauptvertreter derselben unendlich gepriesen. Nirgends be-
gegnet in denjenigen Kapiteln, in welchen es sich um religiöses Wesen handelt,
der Name „Jude"; ein einziges Mal, in dem Kapitel „Menschengattungen
und Anzug" wird neben Banquiers, Kaufmannschaft und Fabrikanten noch
„die zahlreiche Judenschaft" genannt, jedoch nicht die geringste weitere Bemerkung hinzugefügt.

Handelt es sich in den angeführten Schriften um eine Beurteilung der Berliner Bevölkerung, so soll in Ch. Fr. Nicolais bekannter „Beschreibung der königlichen Residenzstädte Berlin und Potsdam"[1]) eine statistische Darstellung der Juden gegeben werden (Vgl. besonders I, S. 206—208, 248, 349 fg. II, S. 500—504). Aber Nicolai zeigt sich auch hier als das Haupt der Aufklärung. Selbst in diesen scheinbar rein statistischen Notizen kann er sich nicht enthalten, manch gutes Wort für die Unterdrückten zu sprechen, ihre Armenanstalten hervorzuheben und ihren regen Wohlthätigkeitssinn überhaupt zu loben, die ungerechten Beschuldigungen anzudeuten, mit denen man ihnen früher entgegentrat und unter denen man sie unschuldig leiden ließ.

Eine Angelegenheit, von welcher schon die Zeitungen Notiz genommen hatten, rief zwei Broschüren hervor. Die von Dohm nämlich angeregte Frage, ob die Juden zum Kriegsdienste tauglich seien, wurde nun, nachdem sie vom Kaiser Joseph praktisch gelöst schien, nach verschiedenen Seiten schriftstellerisch behandelt. Kling versuchte in der Schrift: „Soll der Jude Soldat werden?"[2]) darzuthun, daß die Religion den Juden nicht hindere, in jedem Fall ein guter Bürger des Staats zu sein und verflocht in seine Darlegung Seitenhiebe gegen die Rabbiner, welche ihre Glaubensgenossen hindern wollten, ihre Pflichten zu erfüllen; ihm trat ein Ungenannter[3]) entgegen, der den Schritt des Kaisers unbillig, nachteilig und zwecklos fand. Er wirft drei Fragen auf: 1. Ob der Kaiser eine solche Pflicht von den Juden fordern kann? 2. Ob es für die jüdische Nation in Rücksicht auf ihre vorgefaßten Meinungen und Vorurteile nützlich wäre, sie zu dieser Pflicht zu zwingen? 3. Ob daraus eine wirkliche Reform für ihren Zustand und ihre ganze Denkungsart zu erwarten wäre? und beantwortet alle drei Fragen mit: nein. Er billigt daher auch den Protest der galizischen Juden gegen die kaiserliche Verordnung und registriert mit Behagen den Widerstand, der sich auch an anderen Orten zeigt; er hält den Brief der Triester Gemeinde für unbesonnen, weil die Juden als bloße Kolonisten weder das Recht noch die Pflicht der Landesverteidigung haben. Mit einer merkwürdigen Sophistik sucht der Autor, der übrigens wo er kann gegen die Aufklärer — Juden und Christen — Front macht, den Juden einzureden, daß die Maßregeln, welche scheinbar dahin abzielen, sie den übrigen Staatsbürgern gleichzustellen, in Wirklichkeit von dem Erfolg begleitet sind, ihre Religion und ihre Moral

---

1) 2 Bände 2. Aufl. Berlin 1779.

2) Ich kenne die Schrift nur aus einem Citat der in A. 3 angeführten Broschüre; die Schrift selbst konnte ich mir nicht verschaffen; Kling wird in keinem der beiden Meusel'schen Lexica angeführt.

3) Bemerkungen über die bürgerliche Verbesserung der Juden, veranlaßt bei der Frage: Soll der Jude Soldat werden? 1788. 88 SS. Das Ganze ist in Briefform. In demselben Miscellanbande der Berl. Königl. Bibl., in welchem dies Schriftchen und die oben S. 188 A. 1 behandelte Aktensammlung zur Geschichte der Juden in Frankreich sich befindet, sind enthalten zwei Hefte, gleichfalls in Briefform: „An die jüdische Nation", das erste Fft. u. Lpz. 1776, das zweite Breslau bei Gottl. Löwe 1777, beides salbungsvolle und wortreiche Ermahnungen an die Juden, die Irrlehren ihres Glaubens zu erkennen.

4) Die Behauptung S. 35 A. e: „In jeder Kaiserstadt, wo Juden wohnen, empören sie sich gegen die kaiserliche Verordnung" ist mindestens übertrieben.

ju untergraben. Er will durchaus nicht in Abrede stellen, daß der Jude Soldat sein kann, aber freilich erst, „wenn er politische Moralität hinlänglich angeerbt" und wenn „er seine jetzige Verfassung und vorgefaßte Meinung" aufgegeben haben wird.

In einer Buchhändleranzeige von S. F. Hesse (Voss. Ztg. 3. Apr. 1790) war eine Schrift „Geschichte des Hasses gegen Juden und Judengenossen von J. G. Ehrlich, Pr." angekündigt, über welche der Buchhändler sagt: „Obwohl diese kleine Schrift nur eine Einleitung zu einem größern Werke seyn soll, so ist sie doch für beide bürgerliche Gesellschaften und besonders in diesen Tagen der Feierlichkeiten der Juden sowohl als der Christen interessant und sie wird sicher Aufmerksamkeit erregen und beide Religionspartheyen werden durch Bemerkung der Absicht und des abzweckenden Nutzens, den jüdischen Schulen ein brauchbar klassisches Werk in die Hände zu liefern, den Verfasser für Ausführung seines Plans unterstützen".

Der Mann und die Schrift lohnen, daß man einen Augenblick bei ihnen verweilt. J. G. Ehrlich soll in Berlin als Jude geboren sein; nach dem Tode seines Vaters wurde er Protestant[1]) und nachdem er eine Hauslehrerstelle bekleidet, Prediger zu Saratavka. Von dieser Stellung wurde er „einiger loser Streiche" wegen abgesetzt (1785), wie ein dem Genannten nicht günstig gesinnter Zeitgenosse[2]) sagt und lebte, nachdem er eine Zeit lang in St. Petersburg privatisirt hatte, in Berlin. Er schrieb philosophische Betrachtungen, gab in Hamburg eine „Wochenschrift zur Zierde der Menschheit" heraus und veröffentlichte in Berlin fast gleichzeitig mit unserer Schrift „Krumpiepens wohlthätige Reise", eine Schrift, über welche der bereits angeführte Zeitgenosse sagt: „Man muß sich von Erlich einen Schlüssel über diese Schrift ausbitten: so trifft man keinen Sinn darin und verstehet sie nicht. Wie ich höre: ist es die Geschichte eines reisenden Handwerkspurschen."

Das Heftchen (im Ganzen 24 SS.) ist der Vorläufer eines größern Werkes, das freilich niemals erschienen ist. Der Verf., der ein recht seltsames Deutsch schreibt, das entweder durch seinen russischen Aufenthalt verdorben ist oder die traurigen Folgen seiner allgemeinen Unbildung bekundet, will die Fragen beantworten, die mit seinen Worten gegeben werden mögen. 1. „Ob ein Christ das Recht hat, die Juden wegen des ungegründeten Hasses, womit sie belegt werden, zu vertheidigen?" 2. „Kann einem Volke, der wahren Religion zugethan, diese Religion dadurch ge-

___

[1]) Die biographischen Nachrichten aus Meusel, Das gel. Teutschland, Lemgo 1796 II, S. 167, IX, 282; in dem „Neuesten gel. Berlin" von B. H. Schmidt und D. G. G. Mehring, Berlin 1795, steht er nicht, ein Beweis, daß er damals von Berlin fortgezogen war. Er soll noch 1799 in Hamburg gelebt haben.

[2]) Berlinische Korrespondenz historisch-politischen und litterarischen Inhalts. Berlin 1790 S. 55—58. Der unbekannte Verf. verweilt mit Schadenfreude dabei, daß Ehrlichs Name in keinem damals bekannten Verzeichnisse von Theologen und Schöngeistern zu finden sei und charakterisirt ihn so: „Er machet einen würdigen Pendant zum rothköpfigten Hrn. Magister Kindleben — (erbärmlichen Andenkens,)" Er gibt ihm Schmeichelei und Heuchelei Schuld, besonders den Mißbrauch des Namens des Geh. R. Oerlichs.

raubt, die Verheißungen dieser Religion dadurch vernichtet werden, daß
irgend ein durch alten finstern Aberglauben verblendetes Volk dieselbe nicht
anerkennt?" 3. „Wenn einer ein Töpfchen auf dem Kohlfeuer stehen hat
und mit einem zerlöcherten Blasebalge arbeitet, das Feuerchen in Gluth
zu erhalten, ist's dann wohl Recht, denjenigen zu verspotten, der ihm be=
greiflich machen will, daß er nur mit dem Munde zu blasen brauche und
daß sein Blasebalg nichts tauge". Was der Verf. mit der letzten Frage
will, wird von ihm nicht erklärt. Ueberhaupt wird in den wenigen Seiten
mehr bei dem verweilt, was der Verf. in seinem Werke nicht behandeln
will, als bei dem, was er darzustellen gedenkt. Drei Perioden will er
unterscheiden: vom 4. zum 9., vom 9. zum 16. Jahrhundert und vom
16. Jahrhundert bis zu seiner eignen Zeit. Aus einer Bemerkung ergiebt
sich, daß der Verf. die von ihm gestellte erste Frage bejaht; über die Art
der Vertheidigung aber, zu welcher er sich berechtigt glaubt, gibt er nichts
Näheres an.

Am 1. Juni 1790 (Voss. Ztg.) ladet K. Th. Wundsch, Prediger in
Marienburg zur Subscription auf seine Reden und Predigten ein, in die
auch aufgenommen werden sollte: „bey Gelegenheit des Riesenburgischen
Brandes über die jüdische und christliche Gedenkungsart bei sogenannten
Strafgerichten." Doch ist die Schrift wohl nicht erschienen.

Mehr noch als in Büchern werden die Juden in den Zeitschriften jener
Zeit behandelt. Da es aber hier nicht auf eine allgemeine Zeitschriftenschau
ankommt, sondern die Jahre 1788 und 1789 der alleinige Gegenstand unserer Betrachtung sind, so seien auch nur wenige Zeitschriften herausgehoben,
deren eine gerade für das echt Berlinische Wesen jener Tage überaus charak=
teristisch ist. Es ist dies die bei anderer Gelegenheit (oben S. 191) kurz
erwähnte „Chronic von Berlin[1]) oder Berlinische Merkwürdigkeiten. Eine
periodische Volksschrift. Herausgegeben von Tlantlaquatlapatli". Unter diesem
seltsam gebildeten Namen verbarg sich der Schriftsteller H. W. Seyfried
(1755—1800), Schauspieler und Dichter nicht allzurühmlichen Andenkens.

Nachdem er in seinem Blatte No. 29 und 30 sich mit dem oben er-
wähnten entsprungenen Juden beschäftigt hat, bringt er in der folgenden
einen Artikel: „Jüdische Intoleranz und Bannvollmacht des Rabbiners in
Hamburg"; eine spätere „Noch etwas über die Bannvollmacht des Rabbi-
ners Jackusiel", eine folgende: „Aufforderungen an den Hamburger Rabbiner
Probusiel". St. 43 und 44 derselben Zeitschrift enthalten einen Aufsatz
„Polnische Judenversammlung, Nro. 45 und 46 „Der jüdische Student",
Nro. 47 und 48: „Jüdische Fleischscharre, Betrug der jüdischen Schächter",
Nro. 49 und 50 „Halsstarrigkeit des Hamburgischen Rabbiners Jackusiel",
Nro. 51 und 52 „Fortschritte der jüdischen Nation", Nro. 53 und 54:
„Fünf polnische Juden"; Nro. 55 und 56 schildern den Empfang der
Prinzessin von Oranien (Schwester des Königs Friedrich Wilhelm II.) und
nennen unter den Empfangenen auch die Judenschaft, die Herren Jtzig und

---

[1]) Mir liegen 6 Bände vor, 96 Stück enthaltend, zusammen gegen 1260 Seiten
jeder Band mit einem Titelkupfer. Berlin bei Petit und Schöne. 1789 und 1790.

Friedlaender [1]). Nro. 57. 58: „Jüdische Aufklärung, der jüdisch-polnische Selbstmörder Bendavid". Fast die ganze Nummer 61. 62 behandelt jüdische Dinge „den verbannten Owadich" betr. Nro. 75 und 76: „Monsieur koscher Schweizerkäse. Der jüdische Figaro. Jüdische Polackenfeuerjagd".

Jedenfalls von demselben Autor rührt ein anderes periodisches Unternehmen her, das folgenden Titel führt: „Blumengärtchen, angelegt von Julie Karoline Tlantlaquatlapatli, geb. von Ipsilischnipsilischnipsi" [2]). Auch in diesem ist mancher Artikel den Juden gewidmet. Im 3. und 4. Bändchen begegnen z. B. nachstehende Ueberschriften: „Rabbinade. Raphael. Jokusiel. Friedländer. Hartwig Wessely. Plirschel, Saul. Itzig. Marcus Herz."

Die Tendenz der mir bekannt gewordenen Aufsätze ist durchaus keine judenfeindliche. Der Verfasser steht vielmehr auf dem Standpunkt der Aufklärung und beleuchtet von diesem aus jüdische Angelegenheiten. Besonders lebhaft bekämpft er in den obenangeführten zahlreichen Artikeln, die übrigens durch ihre Sachkenntnis und ihren ganzen Ton auf einen jüdischen Verfasser schließen lassen, den Hamburger Rabbiner, der einen der Berliner Aufklärer in Bann gethan hatte, kämpft gegen die Engherzigkeit der „Talmudisten", spricht für die Aufklärung und fordert die Berliner Oberlandesältesten auf, gegen jenen Rabbiner zu Felde zu ziehen und den von ihm Gebannten zu schützen. Auch sonst tritt er für die Juden ein. So tadelt er z. B. einen christlichen Gelehrten, der zwei jüdischen Studenten keine Wohnung geben wollte, nur eben weil sie Juden waren. Wenn er ferner gegen die fremden Juden polemisiert, welche sich in Berlin aufhalten, so schließt er sich damit nur der Auffassung der tonangebenden Berliner Kreise an, welche grade durch dieses Eindringen fremder, meist armer, nicht immer redlicher Juden, für deren Verhalten sie aber verantwortlich gemacht wurden, sich selbst geschädigt hielten.

Seltner geht er mit Spott auf kleinere Vorfälle ein. Nicht ohne Witz beschreibt er einmal einen von jüdischen Dienstmädchen veranstalteten Ball, der von der Polizei gestört wurde; ein anderes Mal macht er sich lustig über einen jüdischen Stutzer, den „schönen Baer Bro", den er als „jüdischen Figaro" und mit einem nicht feinen Scherze als „koscher Schweizerkäse" bezeichnet.

Auch im 5. und 6. Bändchen (Dez. 1789—April 1790) stehen manche den Juden gewidmeten Aufsätze. In einem derselben „Der polnische Judenschächter und seine christliche Anonima aus Sachsen" (S. 124 ff., 192 ff.) tritt der aufklärerische und humane Standpunkt des Zeitungsschreibers besonders deutlich hervor: ein jüdisches Dienstmädchen wird von den in der Aufschrift Genannten ungerecht denunziert, ins Gefängnis gesetzt und trotz der Verwendung ihrer früheren Herrschaft — es ist die Familie des Is. Daniel

---

[1]) Bei dieser Gelegenheit mag auf einen Bericht der Voss. Ztg. vom 21. Juli hingewiesen werden, der eine sinnige Dekoration rühmt, welche Isaak Benj. Wulf bei seiner Kattunfabrik am Ende des kgl. Tiergartens angebracht hatte; er ließ die nach Charlottenburg fahrende Prinzessin von seinen Enkelinnen mit einem Gedicht begrüßen und ihr Früchte überreichen.

[2]) Diese zweite Zeitschrift habe ich mir nicht verschaffen können.

Jtzig — aus der Stadt verwiesen. (Auf dieselbe Angelegenheit als auf
eine stadtbekannte Geschichte kommt er S. 256 ff., 352 ff., 397 ff., 433 ff.,
482 ff. zurück. Das Mädchen findet in Frankfurt a. O. einen neuen
Dienst. Tl. möchte den Prozeß des Mädchens neu aufnehmen, läßt aber
endlich die Sache liegen.) Auch sonst polemisiert er gegen die Unbarmher=
zigkeit, mit welcher man Fremde — Alte und Kranke — aus der Stadt ver=
weist (S. 260 fg.) Ein jüdischer Gelehrter aus Breslau tritt in einem
Aufsatze, von dem nur der Anfang mitgeteilt ist (S. 683—687) gegen die
häufigen Ehescheidungen der polnischen Juden und gegen die schlechten Sitten
derselben auf; ein letzter (S. 720—722) von dem gleichfalls der Schluß
fehlt, meldet von einer vortrefflichen Predigt des Rabbiners Hirschel, wider
Verläumbung, Tadelsucht und Verfolgung, für Menschenliebe und
Sanftmut.

Eine Berliner Zeitschrift, von der man denken sollte, daß grade sie
jüdische Dinge mit Vorliebe behandle, „Berlinisches Journal für
Aufklärung",[1] täuscht wenigstens in den Jahrgängen 1789 und 1790
unsere Erwartung. Die Zeitschrift behandelt hauptsächlich allgemeine
politische, religiöse und moralische Fragen, berührt aber das konfessionelle
Gebiet nur wenig. Jüdische Schriftsteller sind Mitarbeiter an der Zeit=
schrift, aber auch sie, z. B. Sal. Maimon[2] behandele nur allgemeine
philosophische Fragen. Ein andrer Aufsatz, als dessen Autor sich „der Verf."
der philosophischen und kritischen Untersuchungen über das Alte Testament
unterzeichnet, ist eine durchaus sprachliche Untersuchung über das Wort
צדקה‎,[3] ohne jede konfessionelle Tendenz. In einem Aufsatze A. v. Hoff's
über Eide[4] wird gelegentlich von dem Leichtsinn der Juden bei Ableistung
von Eiden gesprochen, ähnliche Beispiele von Christen aber gleichfalls ge=
geben. Gradezu gegen die Juden richten sich einige Bemerkungen in
de Wailly's Aufsatz gegen den Schleichhandel. Unter den Vorschlägen,
durch welche demselben vorgebengt werden solle, befinden sich namentlich
zwei, 1. alle auf dem platten Lande wohnenden Juden zu verpflichten, in
die Städte zu ziehen, 2. den Juden zu verbieten, auf dem platten Lande
herum zu handeln. Die von dem Verf. hervorgehobenen Mißstände sind

---

[1] Herausgegeben von G. N. Fischer und A. Riem, von 1790 an von Letzterm
allein, erschienen in der kgl. preuß. akademischen Kunst= und Buchhandl. Mir liegt
Bd. 4—8 vor.

[2] Von ihm „Ueber Wahrheit" Bd. V, S. 67—84. Antwort darauf von
J. H. Tieftrunk Bd. VI, S. 141—167 und Entgegnung Maimons Bd. VII, S. 22
bis 51. Duplik Tieftrunks Bd. VIII, S. 115—158 mit einzelnen Anmerkungen M.'s
und einem Schlußwort des Herausgebers, daß durch persönliche Bekanntschaft der
Gegner der Streit beendet sei. — Ferner von M.: „Baco und Kant" Bd. VII, S.
99—122. „Ueber die Weltseele" Bd. VIII, S. 47—92. — Das. S. 186—192 „An=
kündigung" nämlich eines unparteiischen alle Systeme behandelnden philosophischen
Journals.

[3] „Hat das Hebräische wirklich ein Wort, das den Begriff Tugend bezeichne?
An den Herrn Prof. Bruns zu Helmstädt" Bd. IV, S. 106—116. Der Verf. leugnet,
daß dem angeführten Worte jene Bedeutung zukomme; es heißt nur „Gerechtigkeit,
Judentum". Der Aufsatz des Helmstädter Prof. hatte in der Berl. Monatschrift,
Okt. 1787 gestanden.

[4] Bd. VIII, S. 1—46, vgl. bes. S. 35.

[5] Bd. VIII, S. 159—185, bes. S. 163.

freilich arg, aber es gab gewiß gerechtere und ebenso wirksame Mittel, um
denselben zu begegnen. Die Berliner Monatsschrift, das Organ der Berliner Auf=
klärer — ihre Herausgeber waren Gedike und Biester — spricht nicht so
oft von Juden, wie man erwarten sollte. Gern öffnete sie David Fried=
laender, mit dem die Herausgeber persönlich bekannt waren, ihre Spalten,
der mehrmals Proben rabbinischer Weisheit mitteilte (vgl. 1791, Mai
Bd. 17, S. 474 ff., 1791, Aug. Bd. 18, S. 117 ff., ebenso Sal.
Maimon 1789, Aug. Bd. 14, S. 171 ff.)[1]). Selbst in diesen Mitteilungen
bekundete Friedlaender seine aufklärende Tendenz; einer derselben läßt er
das Nachwort folgen: „Ist es möglich, die Achtung für die Vernunft stärker
auszudrücken? Kann man bringender, anschaulicher den Satz erhärten, der
dem Judentum eigentümlich ist, nämlich: daß Wunder und wunderbare
Zeichen kein Beweismittel für oder wider die Wahrheit sind? Ich zweifle."
Der praktische Zug, der in Friedlaenders Wirksamkeit besonders stark
hervortritt und der auch in dem eben mitgeteilten Satze erkennbar ist, zeigt
sich vornehmlich in seinem letzten Beitrag. Auch den Lesern der Berliner
Monatsschrift[2]) suchte er die für die Emanzipation der Juden in Frankreich
wichtigen Aktenstücke vorzulegen und mit Anmerkungen zu begleiten. So
veröffentlichte er[3]) die Antwort der Lothringer Juden auf die von der Stadt
Straßburg[4]) der Nationalversammlung vorgelegte Bittschrift, als notwen=
diges Gegengift gegen dieses in den weitverbreiteten Schlözer'schen „Staats=
anzeigen" (60. Heft, S. 439—478) abgedruckte Schriftstück. Hatte er sich
mit einer kurzen Einführung begnügt, so ergriff an seiner Statt Biester das
Wort, teils, um in sehr heftiger Weise die gegen die Juden gerichteten
Anschuldigungen in der „Stimme eines Kosmopoliten"[5]) zurückzuweisen,
teils um an einzelnen Beispielen zu zeigen, daß die Juden freiwillig den
Soldatenstand gewählt und sich „harten und künstlichen" Beschäftigungen
gewidmet haben[6]). Auf Grund dieser Beispiele plaidiert Biester dafür,
daß man christlicherseits die Juden zu Handwerken zulassen und in ihrem löb=
lichen Streben fördern, nicht aber hindern solle.
Diese Ausführungen blieben nicht ohne Widerspruch. Siede, der Leiter
einer damaligen Berliner Handelsschule, der auch sonst den Juden nicht sehr

---

[1]) Benutzt ist Jahrgang 1788—1791; der erste Band d. J. 1790 (Jan. bis
Juli) enthält, wie ich aus den Inhaltsverzeichnissen weiß, zwei hierhergehörige Aufsätze,
ich habe mir aber diesen Band trotz aller Mühe nicht verschaffen können.
[2]) Aehnliche Veröffentlichungen Friedl. vgl. oben S. 188.
[3]) Berl. Monatsschrift 1791, Okt. Bd. 18 S. 365—392, Friedl. Vorbemerkung,
S. 351 fg. Biesters Erklärung S. 352—364.
[4]) Ueber den Beschluß der Straßburger vgl. oben S. 190. A.
[5]) Ueber diese Schrift vgl. oben S. 196 fg.
[6]) Ein Jude in der Kattunbleiche zwischen Berlin und Charlottenburg; mehrere
als Knechte und Mägde in J. D. Itzigs Fabrik; andere als Arbeiter beim Chausseebau
zwischen Berlin und Potsdam; einer in einer Berliner Tabaksfabrik; ein Berliner
Schutzjude läßt einen seiner Söhne die Baukunst, einen andern die Gärtnerei studie=
ren, ein anderer hat unweit Berlin „ein Stück Land gepachtet und baut dasselbe mit
eigenen Händen . . . er ist als ein vorzüglich guter Landwirt bekannt."

günstig gesinnt war,[1]) nahm in seine Zeitschrift einen von einem Ungenannten eingesendeten Artikel auf[2]). Der Ungenannte erklärte sich durchaus nicht völlig wider die Juden, er warf Biester nur vor, sich seine Verteidigung zu leicht gemacht, und etwas zu viel mit allgemeinen Redensarten operiert zu haben — ein Vorwurf, der freilich teilweise begründet ist.

Wie in der Literatur, so wurden auch auf dem Theater die Juden dem Publikum vorgeführt. Trotzdem Lessing ein ganz anderes Bild des Juden gezeichnet hatte, galt hier noch immer die Gewohnheit, den Juden als Wucherer und Betrüger zu schildern und die Lachlust des Publikums dadurch zu erregen, daß der Jude in grotesker Tracht aufzutreten und bei seinen Reden sich des Mauschelns zu bedienen hatte. Gegen solche Unsitte verfingen satirische Schriften wie die von Markus Herz, als er noch Student in Königsberg war, verfaßten „Freymüthige Kaffeegespräche zweier jüdischer Zuschauerinnen über den Juden Pinkus" (Berlin 1772)[3]) nichts; nur die veränderte soziale Stellung der Juden konnte hier Wandel schaffen. Für die Berliner Bühne speziell wurde von großer Bedeutung, daß das Publikum vielfach aus Juden bestand, wie manche der erwähnten Schilderer Berlinischer Zustände klagend hervorhoben, daß daher die selbstverständliche Rücksicht auf die Kasseneinnahme eine gewisse Schonung der Juden bedingte. Ein sehr merkwürdiges Beispiel für diese Schonung ist grade hundert Jahre alt. Es ist der mehrfach[4]) abgedruckte von Ramler gedichtete Prolog, welchen Fleck als Shylock vor der ersten Aufführung des „Kaufmann von Venedig" sprach.

In demselben wurde ausdrücklich hervorgehoben, daß das Stück durchaus nicht gewählt worden sei, um Judenhaß zu erregen, sondern daß die Wahl dieses Stückes zu der großen Aufgabe des Theaters gehöre, Unsitten und Laster hervorzuheben und zu strafen.

Trotz der sehr anerkennenden Art, in welcher in diesem Prologe von den „Glaubensgenossen des weisen Mendelssohn, Männern gleich groß in Wissenschaften und Künsten" gesprochen wurde, fehlte es nicht an Versuchen, jüdische Karrikaturen in alter Weise auf die Bühne zu bringen. 1790 erschien ein seltsames Stückchen: „Die Berliner Weiber"[5]), von dem ich

---

[1]) Vgl. „Journal für Handlung und Gewerbe". Oktober 1791. Hgg. von J. C. Siebe und J. C. Vollbeding. Berlin, Matzdorff. S. 28 ff.: „Ueber die Hauptquellen des Ungemachs und Schicksals der Juden": Unthätigkeit, Ueberlisten, gegenseitiger Haß und Neid.

[2]) a. a. O. S. 175—180: „Etwas über die vom Herrn D. Biester .. verfaßte Vorerinnerung, die Juden und ihre Verteidigung betreffend."

[3]) Die Schrift wird sehr häufig angeführt; Titel und Entstehung gebe ich nach H.'s Nekrolog bei Schlichtegroll, abgedruckt in „Sulamith", Dessau 1811, 3. Jahrg. 2. Band S. 80. Es wäre sehr wünschenswert, wenn ein Leser dieser Zeitschrift ein Exemplar dieser Schrift nachweisen könnte; ich habe sie bisher trotz eifrigen Suchens nicht erlangen können.

[4]) Vgl. z. B. Brachvogel, Gesch. d. königl. Theater zu Berlin II, S. 160. (Der erste Druck wol in den „Annalen des Theaters" Berlin 1788 H. 1.) — Ueber spätere Theaterstücke, die sich mit Juden beschäftigen, vgl. m. Gesch. d. Juden in Berlin II, 153. 191.

[5]) „Ein originelles Lustspiel in drey Aufzügen." Charlottenburg 1790. 88 SS. (Berl. kgl. Bibl. Yo. 372.)

nicht sagen kann, ob es aufgeführt worden ist, das aber gewiß zur Auf=
führung bestimmt war. Es ist ein Zerrbild der Berliner Gesellschaft, eine
jener Tendenzlügen, welche zeigen sollten, daß Immoralität notwendig im
Gefolge der Aufklärung sei. Die Frau eines Geheimraths hat ein Verhältnis
mit ihrem Bedienten, den sie zum Sekretär macht, bestielt, um ihren
Aufwand zu bestreiten und ihrer Spielwut zu fröhnen, die von ihrem
Mann verwaltete Kasse und schreibt falsche Wechsel, da auch die Früchte
ihrer Diebereien zur Deckung ihrer Lebensführung nicht ausreichen; ihre
Schwester, gleichfalls die Frau eines hohen Beamten, tröstet sich über die
zeitweilige Abwesenheit desselben durch den intimen Verkehr mit einem Offi=
zier; dieser wird ihr abspenstig gemacht durch eine öffentliche Dirne, welche
von den beiden Frauen „unter den Linden" aufgegriffen, zur Unterhal=
tung mit nach Hause genommen wird und die nun alle im Stück auftreten=
den Männer in ihr Garn lockt; der Sohn der Geheimräthin liebäugelt mit
der Dirne, nachdem er vorher das Dienstmädchen ins Theater geführt und,
um ihre Gunst zu erringen, weitreichende Versprechungen gemacht hat. In
diesem Wirrwarr erscheint nun auch der Jude Isaak, präsentiert die von
der Geheimräthin mit der Unterschrift ihres Mannes versehenen Wechsel und
verlangt sein Geld. Die Art, wie er behandelt wird, ist empörend: er
erhält kein Geld, die Wechsel werden vor seinen Augen zerrissen, er selbst
fortgeschleppt, unter den höhnischen Worten des zum Sekretär avancierten
Dieners: „Ha! solltest Du nicht wissen, daß ein vornehmer Christ einen
Juden prellen kann"; und man erhält die Andeutung, daß der Justiz=
kommissar, der in das Haus des Geheimrats kommt, um wegen der vor=
gefallenen Unordnungen den Prozeß einzuleiten, von der vornehmen Frau
aber übertölpelt wird, dafür sorgen werde, den Juden ins Gefängniß zu
bringen und nicht sobald aus demselben zu entlassen.

Während solche Vorfälle höchst unbedeutender Art den Chronisten und
Dichter für einen Augenblick beschäftigten, gab es Ereignisse von schwerer
wiegender Bedeutung, welche auch das Interesse ernster Männer in Anspruch
nahmen.

Ein solcher Vorfall veranlaßte zwei Schriften[1]). Der reiche Moses
Isaac hatte außer dem unter seine Kinder gleichmäßig zu verteilenden Erbe
— der Anteil eines Jeden betrug 96 000 Thlr. — am 13. Aug. 1774

---

[1]) Beytrag zur neusten Jüdischen Geschichte für Christen und Juden gleich wichtig
und veranlaßt durch die vor dem Königlichen Kammergerichte zu Berlin erhobene
Streitfrage: Bleibt der Jude, der zum Christentum übergeht, bey der jüdischen Re=
ligion? Herausgegeben von D. Wilhelm Abr. Teller. Berlin A. Mylius 1788
XIV und 218 SS. — Oluf Gerh. Tychsen's Nachtrag zu des Herrn D. C. R.
Teller Beytrag zur neuesten Jüdischen Geschichte über die Streitfrage: Ob der Aus=
druck nicht bey der jüdischen Religion bleiben nach jüdischem Sprachgebrauch heiße:
die christliche Religion annehmen? Rostock u. Leipz. in der Koppen'schen Buchhandl.
1788. 96 SS. — Der Inhalt beider Schriften ist teilweise gleich; beide enthalten
die Tychsen'schen Gutachten, deren Veröffentlichung durch Teller durchaus nicht zu
rechtfertigen ist. Auf Tychsens Bemerkungen scheint Teller nicht geantwortet zu haben;
wenigstens verzeichnet die ihm gewidmete fleißige Zusammenstellung in Meusels Ge=
lehrten Teutschland Bd. VIII keine derartige Schrift. — Einige ganz allgemeine Be=
merkungen über die Moses = Isaak'sche Erbstreitigkeit vgl. in m. Gesch. d. Juden I,
S. 114.

ein Fideikommiß von ¼ Million Thalern errichtet und bestimmt, daß das=
jenige von seinen sechs Kindern, welches „nicht bei der jüdischen Religion
bleiben würde", weder an die Zinsen noch an das Kapital Anspruch zu er=
heben hätte. Nach seinem Tode (13. Mai 1776) traten zwei Töchter zum
Christentum über und heiratheten, die eine den Lieutenant Kunkel, die an=
dere den Kammerassessor von Bohn und verlangten bei dem Gericht die
Teilnahme ihrer Männer an dem Fideikommiß. Das Kammergericht gab
ihnen Recht, das Obertribunal wies (2. Oktbr. 1786) die Klage ab; der
König Friedrich Wilhelm II. ließ (20. Oktbr. 1786) dem Tribunal seine
Zufriedenheit zu erkennen geben, „weil ich niemals gestatten werde, daß die
strengste Gerechtigkeit auf irgend eine Weise gehindert und das Recht gebeugt
werde; sondern ein jeder Untertan, er sei Jude oder Christ, soll sich des
Schutzes der Gesetze zu erfreuen haben[1]."

Die Klägerinnen wollten sich auch bei diesem Urtheil nicht beruhigen,
unter dem Vorgeben, die angeführte Klausel sei nach jüdischen Rechtssätzen
unstatthaft, das Kammergericht wies jedoch das Gesuch ab. Nun forderten
die Klägerinnen 26. Dez. 1795 den als Orientalisten und Exegeten be=
kannten Prof. Tychsen[2]) zur Abfassung eines Gutachtens auf. Dieses,
sofort abgegeben (28. Aug.) gipfelt in der Darlegung, daß die altjüdische
Religion in drei Theile zerfalle: die christliche, die karaitische, die rabbani=
tische, daß ein Uebergehn aus der letzten (dem modernen Judenthum) in
die erstere daher ein Verbleiben in der altjüdischen Religion bedeute, daß
der Testator unter dem Ausdrucke „nicht bei der jüdischen Religion bleiben,
ein Uebergehn zu den Gottesleugnern, dem Epikuräismus und anderen frei=
geisterischen Secten" nicht aber eine Annahme des Christenthums gemeint
hätte; sonst würde er das Letztere ausdrücklich genannt und sein Testament
nicht bei einem christlichen Gericht deponirt haben.

---

[1]) Diese zwei Aktenstücke abgedruckt bei Teller, Einl.; alle im Folgenden er=
wähnten finden sich im Text der beiden Schriften.

[2]) Ueber Tychsen gibt es ein unendlich langathmiges Buch von A. Th. Hart=
mann: „O. G. Tychsen oder Wanderungen durch die manigfaltigsten Gebiete der
biblisch=asiatischen Literatur" 4 Bände, nebst 2 Bänden Beilagen. Bremen 1818—
1823. Große Abschnitte handeln über Tychsens Kenntniß des Jüdisch=Deutschen und
der talmudischen Litteratur; hier mag nur hingewiesen werden auf Bd. I, S. 44—
75: Tychsen als Juden=Missionar, interessante Mittheilungen über Tychsens Be=
kehrungsversuche und Missionsreisen 1768 fg.; das. S. 139—158: T.'s Beziehungen
(persönliche und briefliche) zu Juden. S. 165 fg. Schriften über jüdische Gebräuche
und Eigenthümlichkeiten. — Ueber das im Text behandelte Gutachten T.'s gibt
Bd. I, S. 182—196 ausführliche Auskunft; der V., wenn er auch sonst ein Lob=
redner seines Helden ist, steht aber durchaus nicht auf T.'s Standpunkt, geht viel=
mehr in heftigster Weise gegen seine „abgeschmackten, wahrhaft widersinnigen" Be=
hauptungen los und deckt namentlich die Widersprüche auf, in denen T. sich hier
gegenüber seinen sonstigen Anschauungen verstrickt (S. 195 fg. Auszüge aus T.'s
lateinischen Briefen über seinen literarischen Streit mit Teller) — S. 196—198
interessante Mittheilungen über ein zweites Gutachten T.'s: „Die Erbfolge eines
Ehemanns in den Nachlaß seiner ohne Kinder und Testament gestorbenen Ehefrau"
Rostock 1804. Das Gutachten verdient an dieser Stelle eine Erwähnung, weil es
einen Streit zwischen zwei Berliner Juden, den Banquiers Jakob Marcuse und
Hirsch Joseph Fränkel betrifft — die verstorbene Frau des letztern war eine
Schwester der Frau des erstern. Tychsens Gutachten schrieb der Schwester das volle
Erbrecht zu. Die übrigen Gutachten beziehen sich auf Testamente und Judeneid,

Auf Grund dieses Gutachtens verlangte der Mandatar der Klägerin einen neuen Instructionstermin und bat um die Entscheidung, daß die genannte Klausel auf seine Mandanten nicht passe. Die Beklagten hatten sich an einen der hervorragendsten Prediger Berlins, eines der Häupter der Aufklärung, den Propst und Oberconsistorialrath Teller gewandt. Dieser behandelte in seinem Gutachten (27. Febr. 1787) die Tychsen'sche Behauptung als eine einfache „Ungereimtheit" und wies nach, daß nach dem Gemeinsinn, nach dem Sprachgebrauch und nach dem Geiste des Judenthums die genannte Klausel nichts anderes bedeuten könne, als „zum Christenthum übertreten". In ähnlicher Weise sprach sich Israel Lohnstein (6. Apr. 1787), Assessor bei der Gemeide in Glogau, damals Lehrer in Berlin aus, der sich noch besonders bemühte, in Tychsen's Ausführungen Widersprüche, sowie Unkenntniß jüdischer Gebräuche und Lehren darzulegen.

In einem neuen Gutachten (10. Mai 1787) blieb Tychsen bei seiner Meinung von der gemeinschaftlichen Beziehung der jüdischen und christlichen Religion und bei seiner Behauptung stehn, daß der Gegensatz der erstern nur in Heidenthum und Epikuräismus zu suchen sei. Er bekämpfte einzelne Behauptungen Tellers, z. B. die allerdings sehr bestreitbare, daß der Talmud viel älter sei als das Entstehen des Christenthums als eines besonderen Religionssystems und blieb dabei, daß nach den dürren Worten der Juden weder die Christen noch die zu diesen übergetretenen Juden „für Nichtgebliebene bei der jüdischen Religion angesehen werden." Am 17. Mai 1787 wandte er sich speciell gegen Lohnsteins Gutachten und suchte mit neuen Gründen seine alte These zu verfechten, daß ein Uebergehn von der rabbanitischen zur christlichen Religion kein Aufgeben der jüdischen sei.

Solche Hartnäckigkeit bekämpfte Teller in der Beantwortung der Tychsen'schen Widerlegung (4. Juni 1787) mit Laune und Schärfe, ganz besonders bestrebt, des Gegners handgreifliche Widersprüche auseinanderzusetzen, persönliche Beleidigungen zurückzuweisen und das ungebührliche Selbstlob des Gegners hervorzuheben. Der Antwort fügte er Fragen hinzu, „welche jeder denkende Leser sich selbst beantworten mag". Lohnstein ging seinerseits (1. Aug. 1787) in zwei größeren Schriften auf Tychsens Arbeit ein, er gab eine Erweiterung auf die Widerlegung und eine Beantwortung der 31 Fragen, welche Tychsen aufgestellt hatte. Größere

behandeln aber nicht-berlinische Angelegenheiten. Von außerordentlichem Interesse ist T.'s 1812 abgegebenes Gutachten (a. a. O. I, 227—274) „Ueber die Erweiterung der staatsbürgerlichen Rechte der Juden in Mecklenburg-Schwerin" Rostock 1812, in welchem T. vorschlägt, den Juden staatsbürgerliche Rechte zu bewilligen, freilich mit der Einschränkung, „daß wenn sie unfähig gefunden würden, die ihnen obliegenden Staatspflichten zu erfüllen, alsdann ihnen das eingeräumte Recht wieder entzogen werden sollte". Vgl. Hartmanns ungereimte Bemerkungen dazu a. a. O. 205 fg. — Im 2. Bande der Beilagen oder „Biblisch-asiatischer Wegweiser zu D. G. Tychsen" finden sich S. CXXVII—CXLVIII nicht uninteressante Bemerkungen Hartmanns u. b. T. „Neueste Versuche zur Bereblung des Judenthums" und „Uebergang zur rabbinischen Litteratur mit Einschluß des Jüdisch-Deutschen" über neuere b. h. seit 1816 erschienene Schriften von D. Friedlaender, Zunz u. A.

Gelehrsamkeit ist offenbar auf Lohnstein's Seite, aber der Ton, mit dem er gegen einen verdienten Gelehrten losfährt, ist unwürdig.

Tychsen, der in seiner Schrift zuerst seine Gutachten neu druckte, ließ diesem ersten Abschnitte drei andere folgen, in welchen er einige Erinnerungen über die Teller'schen Einwürfe vorbrachte, die Teller'schen Fragen beantwortete und einige neue Lohnstein'sche Einwürfe beleuchtete. Materiell förderte er die Sache sowenig wie seine Gegner; daß er, indem er sich seiner Haut wehrte, den Gegner nicht eben glimpflich behandelte, versteht sich von selbst. Hervorhebung verdient eine Stelle seiner Schrift, (S. 62) in der er sich seiner vielseitigen, den Juden günstigen Wirksamkeit rühmt.

Die von den Gelehrten in verschiedenster Weise behandelte Angelegenheit wurde von den Gerichten nicht entschieden. Am 18. Dez. 1787 wurde vielmehr von den Parteien ein Vergleich geschlossen und am 21. vom Könige bestätigt.

Der Prozeß hatte freilich noch eine andere Wirkung. In dem obenangeführten königlichen Edict (20. Oft. 1786) war ein Gesetz in Aussicht gestellt, „damit zum Nachtheil der christlichen Religion nicht noch mehr Testamente dieser Art von Juden gemacht werden." Jedenfalls erfolgte fast unmittelbar darauf eine Kabinetsordre vom 4. Nov. [1]), welche festsetzte, „daß von nun an, in allen von Erblassern jüdischer Nation künftig zu errichtenden, sowie in den noch nicht publizirten Testamenten und anderen letztwilligen Dispositionen, die mit Zuwendung einer Erbschaft, eines Vermächtnisses oder andern Vorteils verbundene Bedingung, wenn der Erbe oder Legatarius bey der jüdischen Religion verharren, oder wenn er zur christlichen Religion nicht übergehen würde, für nicht geschehen und unverbindlich geachtet, mithin dergleichen Erbschaft oder Legat denjenigen, welche sie zugedacht worden, ohne daß derselbe an diese Bedingung gebunden sey, verabfolgt und gelassen werden solle."

Die Moses=Isaaksche Angelegenheit hatte aber ein Vor= und ein Nachspiel, über das aus den Akten hier einzelne Mittheilungen gegeben werden sollen [2]).

Der erste Proceß wurde zwar vom Kammergericht und Obertribunal erst unter Friedrich Wilhelm II. entschieden, der übrigens damals noch ganz die Gesinnungen seines Vorgängers theilte, aber er wurde zur Zeit Friedrichs des Großen angestrengt. Schon damals fürchteten andere reiche Berliner Juden, daß auch ihren letztwilligen Bestimmungen durch Kinder, welche zum Christenthume übergingen, Gefahr drohe und suchten dieser Gefahr vorzubeugen. Einer der angesehensten Männer der Berliner Ge-

---

[1]) Das hier Mitgetheilte ist einer Immediateingabe des Kanzlers von Goldbeck 6. Juni 1804 (Berl. geh. Staatsarchiv) entnommen, von welcher unten noch zu sprechen ist.

[2]) Die hier und im Folgenden mitgetheilten Aktenstücke sind zumeist dem Geh. Staats-Archiv in Berlin entnommen. Excerpte und Abschriften sind von mir in den Jahren 1870 und 1871 bei Gelegenheit der Vorarbeiten für meine Geschichte der Juden in Berlin angefertigt worden. Da sie auch in dem Urkundenbande jenes Werkes nicht verwerthet werden konnten, so theile ich hier einzelne Materialien mit.

meinte, dem genannten Moses Isaac nahe verwandt, richtete daher an den König folgendes Gesuch:

„Allerdurchlauchtigster

Zur Konservation meiner in Potsdam etablierten Lederfabrik, welche jetzt in bestem Flor ist, habe ich ein bestimmtes Kapital aus meinem Vermögen festgesetzt, welches lediglich dazu nach meinem Tode angelegt werden soll. Ich habe auch, um alle Irrungen zwischen meiner zahlreichen Familie zu verhüten, dieser wegen einige Anordnungen getroffen. Ich fürchte aber doch, daß, wenn auch meine Kinder sich jetzt gut aufführen, sie vielleicht in der Folge meine wohlgemeinte Absicht verfehlen und die zum Besten des Landes von mir errichteten Etablissements vernachlässigen könnten. Ich erlebe das jetzt leider an denen Nachkommen meines Schwagers Moses Isaac, dessen Kinder größtentheils das ansehnliche Vermögen verschwendet, sogar das von dem Verstorbenen zum Fideicommiß bestellte Kapital wider den Willen desselben anzugreifen und solchergestalt seine letzten Dispositionen gänzlich umzuwerfen bestrebt sind. Ebenso könnten sie vielleicht meine Anordnung künftig zum Schaden des allgemeinen Besten und zu ihrem eigenen Ruin zu vereiteln suchen, da sie das Beispiel derer Moses Isaacschen Kinder, wovon ein Sohn meine Tochter geheirathet hat, vor sich haben. Um diese Besorgniß zu verhüten, unterstehe ich mich als ein treuer Vater meiner Kinder Eure Königliche Majestät allerunterthänigst anzuflehen, allerhöchstdero Kanzler anzubefehlen, sowohl mein Testament, welches sich nach meinem Tode auffinden wird, als auch dasjenige, so mein gedachter Schwager Moses Isaac hinterlassen hat, in allen Punkten und Klauseln aufrecht zu erhalten und dagegen keine Processe abseiten derer Nachkommen zur Vernichtung derer gemachten Verfügungen zu gestatten. Ich ersterbe in tiefster Verehrung Daniel Itzig."

7. März 1785.

Auf dieses Gesuch erfolgte folgende Antwort des Königs:

„Mein lieber Großkanzler von Carmer! Enthalten die in der Anlage bemerkten väterlichen Dispositionen des Entrepreneurs der hiesigen Lederfabrik Itzig gegen seine Kinder nichts gegen meine Gesetze und Landesordnungen, so sollen solche in Rücksicht auf seine Fabriken und andere Etablissements pünktlich befolgt und dagegen nach seinem Tode keine ungebührliche nur Geld versplitternde Processe gestattet werden. Um inzwischen von deren Gesetzmäßigkeit völlig gesichert zu sein, ist er angewiesen, solche vorhero denen Gerichten zur Einsicht und Prüfung vorzulegen, und finden diese sodann bei solchen kein rechtliches Bedenken, so werdet Ihr das Benötigte verfügen, daß dieselbe unverrückt befolgt und keinem seiner Nachkommen ein ungebührlicher Proceß gestattet wird. Ich bin dagegen, Euer wohlaffectionirter König Friedrich. 9. März 1785."

Wenige Tage später, am elften, erfolgte ein dementsprechendes Rescript des Großkanzlers an Daniel Itzig.

Aber auch das Nachspiel ist nicht ohne Interesse. Es führt bereits in die Zeit Friedrich Wilhelms III., aber die Familie, um die es sich handelt, ist gleichfalls eine der reichsten und höchstangesehenen des 18. Jahrhunderts. In einer großen Immediateingabe des Kanzlers von Goldbeck an ten König vom 6. Juni 1804 [1]) wird nämlich auf Grund einer Eingabe des Justizcommissars Blume auf den § 9 des Testaments des verstorbenen Hofjuveliers Veitel Heine Ephraims hingewiesen, welcher besage

„daß den ernannten Fiduciarien freystehen solle, einen zur Succession kommenden oder bereits mitzunehmenden Fiduciarium, wenn derselben die Mosaischen Gesetze oder gar die Religion seiner Väter verlassen sollte, auf eine Zeitlang; und wenn derselbe sich binnen zwei Jahren nicht ge= bessert habe, vom Fidei-Commiss gänzlich auszuschließen".

Der genannte Kommissar bat um eine königliche Entscheidung der von ihm also formulirten Frage: „ob ein Nutznießer oder Anwärter des Ephraimschen Fideicommisses, wenn er jetzt zur christlichen Religion über= gehe, deshalb von demselben ausgeschlossen werden könne oder nicht?" und hoffte, daß dieselbe verneinend ausfallen würde. Goldbeck, zum Bericht aufgefordert, hält eine solche Entscheidung, die schon in den Landesgesetzen gegeben, für unnöthig. Die Bestimmungen der Landesgesetze, die ihm ausschlaggebend scheinen, sind folgende (Landrecht II. Theil, 11. Titel § 1 und 2)

„daß die Begriffe der Einwohner des Staats von Gott und gött= lichen Dingen, der Glaube und der Gottesdienst kein Gegenstand von Zwangsgesetzen seyn können und jedem Einwohner eine vollkommene Glaubens= und Gewissensfreiheit gestattet werden müsse";

ferner I. Theil, 4. Titel § 9 und 136,

„daß Gewissensfreiheit durch keine Willenserklärung eingeschränkt werden, und daß dasjenige, was selbst kein Gegenstand einer Willens= erklärung sey, Niemanden als eine Bedingung aufgelegt werden könne;"

endlich I. Theil, 12. Titel § 63,

„daß alles, was nach den Gesetzen einer Willenserklärung als gültige Bedingung nicht beigefügt werden dürfe, wenn es in letztwilligen Verord= nungen einem Erben oder Legatario gleichwohl auferlegt worden, für nicht beigefügt angesehen werden solle."

Der Umstand, daß das B. H. Ephraimsche Testament bereits am 23. Okt. 1774 errichtet sei, brauche den Interessenten gleichfalls keine Furcht für ihre Gerechtsame zu erwecken. „Denn in dem gemeinen zur Zeit der Errichtung des Testaments bestandenen Rechten, ist die Frage, ob ein Testator befugt sey, den Abfall von der väterlichen Religion an einen Verlust zeitlicher Güter zu knüpfen, durch kein Gesetz bestimmt ent= schieden, sondern nur die Rechtslehrer streiten darüber, von welchen einige die bejahende, andere die verneinende Meynung behaupten. Bei einem in dieser Beziehung entstehenden Rechtsstreite würde man also zum Behuf der Entscheidung desselben immer auf die Entscheidung des § 9 des Publi-cations-Patents vom 5. Febr. 1794 zurückkommen müssen, nach welcher

wenn die auf den streitigen Fall anzuwendenden Gesetze dunkel und zweifelhaft sind, derjenigen Meinung der Vorzug gegeben werden soll, welche mit den Vorschriften des Landrechts übereinstimmet,

und es würde also darnach die Entscheidung zum Vorteil der zur christ=

lichen Religion übergetretenen Fidei-Commiss-Interessenten keinen Augenblick zweifelhaft seyn können.

Eben aus diesem Mangel einer gesetzlichen Bestimmung der gemeinen Rechte rührte es her, daß der Proceß der Geschwistern Fließ wider die Gebrüdern Fließ im Jahre 1788 in der Revisions-Instanz, mit Aufhebung der beiden, die ersteren begünstigenden Erkenntnisse des Kammergerichts, vom Obertribunale zum Vorteile der letzteren entschieden wurde." [1])

Die königliche Entscheidung ging kurz dahin, (12. Juni) daß Goldbecks Gutachten approbirt werde „mit dem Befehle, sowohl die Supplicanten danach zu bescheiden als den betreffenden Gerichtshöfen, um sich künftig darnach zu richten, davon Kenntniß zu geben."

4. Aktenstücke über die frühe Beerdigung der Todten.

Die Angelegenheit, über welche im Folgenden einige sehr merkwürdige Aktenstücke mitgetheilt werden sollen, wurde in den 80er Jahren des vorigen Jahrhunderts mannigfach literarisch behandelt. Man mag über die Aufklärung denken, was man will, den einen Ruhm wird man ihr lassen müssen, daß sie mit Unerschrockenheit und Entschiedenheit sociale Schäden aufdeckte und ohne Scheu Alles, was ihr vernunftwidrig schien, vor das Forum der Oeffentlichkeit zog. Gewiß mochten manchmal die Kämpfer zu weit gehn und durch ihr Bloßlegen wirklicher oder angeblicher Mißstände mehr Schaden als Nutzen stiften, im Allgemeinen wirkten sie durch das tapfere Aufdecken und Draufschlagen segensreich und sie hatten das höhere Recht auf ihrer Seite, selbst da wo sie sich das Recht anmaßten über Dinge zu reden, die eigentlich nicht ihres Amtes waren.

Zu diesen Dingen gehört auch die damals bei den Juden übliche Sitte, die Todten am Tage ihres Abscheidens oder höchstens 24 Stunden nach deren Ableben zu begraben.

Die Neuordnung dieser Angelegenheit wurde angeregt durch ein 1772 erlassenes Rescript der mecklenburg-schwerinschen Regierung „die Todten wenigstens drei Tage unbegraben zu lassen". Die dortigen Juden glaubten, sie seien durch dieses Rescript in ihren Anschauungen und Gesetzen gekränkt, wandten sich an Mendelssohn mit der Bitte sich für Zurücknahme dieses Befehls zu ver-

---

[1]) Der Fall ist mir weiter nicht bekannt: jedenfalls werden auch hier, wie in der Moses-Isaal'schen Sache die Geschwister (Schwestern) zum Christenthum übergetreten und gegen die dem Judenthum treugebliebenen Brüder klagbar geworden sein. Die Entscheidung fiel gewiß ebenso wie in der erstgenannten Angelegenheit. Zum Verständniß braucht nur darauf hingewiesen zu werden, daß in der hier behandelten Zeit die Richter ebenso wie das Publikum völlig in dem breiten Strome der Aufklärung schwammen, ferner, daß die hochgebildeten Töchter aus reicher jüdischer Familie, welche in ihrem elterlichen Hause eine große Geselligkeit mitgemacht und mit jungen Männern aus vornehmen christlichen Ständen, Offizieren, Gelehrten, Künstlern, Beamten verkehrt hatten, nun zu sie ein eignes Hauswesen gründen wollten, durch die engen Verhältnisse ihrer Glaubensgenossen bedrückt und in Folge ihrer Erziehung unfähig, gegen diese Verhältnisse den Kampf aufzunehmen, sehr häufig zum Christenthum übergingen, um dadurch in den Stand gesetzt zu werden, Männern aus ihrem frühern Umgangskreis die Hand zu reichen. Für das Ganze vgl. m. Gesch. der Juden i. Berlin I, S. 103 ff. und unten S. 223 ff.

wenden, erhielten von ihm aber ein Gutachten, das sich durchaus gegen die herrschende Sitte aussprach. Die Schweriner Gemeinde beruhigte sich dabei nicht, wandte sich an den Hamburger Rabbiner, Jakob Hirschel (bekannter unter dem Namen: Jakob Emden), der in den alten Traditionen aufgewachsen und befangen, die Unsitte mit sophistischen Gründen vertheidigte um nach der Art solcher Eiferer Mendelssohn zu belehren und womöglich zum Widerruf zu bringen. Mendelssohn replicirte auf dieses Ansinnen und vertheidigte seine Meinung mit neuen Gründen[1]).

Nach dem Tode des Hamburger Rabbiners wurde die ebenerwähnte Correspondenz[2]) veröffentlicht — wie es scheint auch in einem deutschen Auszug[3]) — gab Anlaß zu literarischer Controverse und hatte praktische Folgen. Diese bestanden z. B. darin, daß das k. k. Gubernium zu Prag, trotz einer gegen jenen Auszug gerichteten Streitschrift Jechaskel Landau's[4]) den Juden verbot, ihre Todten vor Ablauf von 24 Stunden zu beerdigen (12. Juli 1786). Jene Controverse trat in deutschen, der Aufklärung dienenden Blättern hervor. Einer der Ersten war J. D. Michaelis, der, unter Zustimmung Dohms diesen Mißbrauch bekämpfte[5]); unter den Juden Joel Löwe[6]), Oberlehrer an der Wilhelmsschule in Breslau, ehemals Hauslehrer im Hause Dav. Friedlaenders, der, wol durch die Veröffentlichung im „Sammler" veranlaßt, gegen diese Unsitte Front machte. Lange vor dem Letztern war es Oberconsistorialrath Büsching, der mit Wärme und Nachdruck für die Juden eintrat, indem er ihre Mißbräuche bekämpfte (Berl. Monatsschrift 1785, Febr. S. 106 fg).

Auch in diesem Falle zeigte der unermüdliche und streitbare David Friedlaender seine kampfluftige und vernünftige Anschauung. Im Aprilheft der Berlinischen Monatsschrift 1787 veröffentlichte er „Ueber die frühe Beerdigung der Juden ein Brief aus Prag nebst einigen Urkunden". Die Tendenz seiner Veröffentlichung ist eine eminent practische: er möchte dafür wirken, daß ähnliche Befehle wie die in Prag erlassenen auch in Preußen gegeben und durchgeführt würden. Friedlaender erhielt noch in demselben Jahre in Markus Herz[7]) einen Sekundanten. Seine Schrift

---

[1]) Für das Folgende die von Friedl. eingerückte, d. h. wol von ihm verfaßte Darstellung, Berl. Monatsschr. 1787 II S. 317 ff. Sie ist von Kayserling: M. Mendelssohn, 2. Aufl. S. 287 fg. nicht benutzt.

[2]) Der hebräisch geführte Briefwechsel im „Sammler" II. Jahrg. 2. Quart. 1785, S. 170 fg.

[3]) Ich schließe dies aus den Worten des A. 1 angeführten Artikels: „Ein junger Gelehrter excerpirte die Gründe aus den Mendelssohn'schen Briefen und das Gubernium ward veranlaßt .. die Schrift dem Landesrabbiner vorzulegen."

[4]) Vgl. die Notiz bei Grätz, Geschichte XI, S. 164.

[5]) Besprechung der Dohm'schen Schrift, abgedruckt bei Dohm: Ueber die bürgerl. Verbesserung II, S. 65—67, Dohms Zustimmung S. 66 A.

[6]) Ueber ihn A. D. B. XIX, 297, wo übrigens die gleich zu erwähnende Schrift, die in den unten mitgetheilten Aktenstücken eine Rolle spielt, nicht angeführt ist. Leider habe auch ich mir die Schrift weder in Berlin noch in Breslau verschaffen können.

[7]) M. H. Ueber die frühe Beerdigung der Juden. An die Herausgeber des hebräischen „Sammlers", Berlin 1787. Der Kürze halber verweise ich für dies und das Folgende auf Allg. d. Bibl. Bd. 87 S. 144 ff., deren Worte ich im Texte z. Th. anführe.

erschien in zwei Auflagen und wurde ins Hebräische übersetzt, zwei deutliche Zeugnisse von dem großen und berechtigten Aufsehen, welches die
Schrift machte. Er bekämpfte den jüdischen Brauch, weil 1. die Zeichen
des Todes selbst den erfahrnen Arzt täuschten, um wieviel mehr die Laien,
welche mit dem Beerdigungsgeschäft zu thun hätten und weil 2. die politischen,
moralischen und religiösen Gründe, welche von den Juden für ihren Mißbrauch angeführt zu werden pflegen, auf mißverstandenen talmudischen
Stellen und spitzfindigen Erklärungen der Rabbinen beruhen.

Herz hatte es aber in dieser Schrift nicht nur mit den Rabbinern,
sondern auch mit einem ärztlichen Gegner zu thun, dem hannöverschen
Leibarzt M. J. Marx[1]). Was dieser zur Beibehaltung der alten Sitte
anführt, ist freilich nicht sehr belangreich. Er macht geltend 1. daß das
Reinigungsgeschäft bei den Juden durch verständige und erfahrene Männer
besorgt werde, 2. daß kein Jude begraben würde, ohne von einem Arzt
oder Wundarzt wirklich für todt erklärt worden zu sein, 3. in einzelnen
Fällen z. B. bei Ertrunkenen, Schwangeren und dgl. den Juden sogar geboten sei, die Todten länger liegen zu lassen.

Ein ganz besonders crasser Fall von früher Beerdigung gab zu
publicistischen Aeußerungen Veranlassung. Der Banquier Abraham Moses
starb am 24. März 1790 um ¼4 Uhr und wurde gegen den Wunsch
der Wittwe, schon an demselben Tage um 5 Uhr begraben. Tlantla-
quatlapatll, von dessen „Chronik von Berlin" schon oben gesprochen wurde,
meldete (Bd. VI, S. 658) dies Ereigniß und gab zugleich an, daß ihm
zwei Aufsätze darüber eingesendet worden seien. Später (S. 716 fg. 741 fg.)
theilte er zwei ihm zugegangene Zuschriften mit, in welchen die Correspon-
denten den Vorgang, ohne ihn zubilligen, so darstellen, daß die Beerdigung so
schnell stattfand, wegen des eintretenden Feiertags und um dem Bruder die
siebentägige Trauerzeit abzukürzen. Auch in diesem Fall steht der Zeitungs-
schreiber durchaus auf dem Standpunkt der Aufklärung; er erwähnt die
Schrift von M. Herz und wünscht, daß dessen Rathschläge befolgt würden.

Da nun aber Fälle von Begraben scheinbar Todter auch bei Christen vor-
kamen, so erging (12. Dez. 1793) ein Circular an sämmtliche Inspectoren
der Churmark, das Volk von Zeit zu Zeit vor dem frühen Begraben zu
warnen und auf die einzig sicheren Merkzeichen des wirklichen Todes (die
durch Ansehn und Geruch sich hervorthuenden ersten Spuren der Verwesung)
hinzuweisen.

Unmittelbar nach diesem Erlasse hatten sich die preußischen Behörden
aufs Neue mit derselben Angelegenheit zu beschäftigen.

---

[1]) M. J. Marx veröffentlichte schon 1784 (im Journal von und für Deutschl. 1784
hgg. von Göcking!, Bd. II S. 227—234) eine „Genaue Prüfung der frühen Beerdigung
der Todten bey den Juden". Das Gebot der Beerdigung am Todestage erblickt er
in 5. B. M. 21, 23, Psalm 146, 4, 49, 13. Aus allem schließt er, daß die Beibehaltung des frühen Begrabens nicht aus Aberglauben, sondern aus weiser Vorsicht
und Fürsorge geschehe, damit weder Unglück noch Beschwerlichkeiten eintreten können. —
Eine weitere Ausarbeitung dieser Aufsätze ist folgende Schrift: M. J. Marx, über
die Beerdigung der Todten. Hannover, Schmidt'sche Buchhandlung 1788. Herz
hat es aber nicht mit dieser Brochüre, die nach der seinigen erschien, sondern mit den
obenerwähnten Aufsätzen zu thun. Es wird gewiß manche Leser eine Zusammen-

Die herz. mecklenb. Geh. Räthe nämlich theilten eine von ihnen (18. Dec. 1793) an die dortige Judengemeinde erlassene Verfügung mit, daß die Leichen 3 Tage vor der Beerdigung liegen müßten und bitten, man möge in Berlin eine ähnliche Verfügung machen. „Die hiesige Judenschaft ist bereit, sich den Verordnungen zu unterwerfen, so bald dorten eine gleiche Vorkehrung bewirkt werden kann".

Neu=Strelitz, 20. Dec. 1793.

Dies Schreiben wird vom auswärtigen Amt den General-Direkt. mitgetheilt, 17. Jan. 1794, das am 30. Dec. 1793 einsendet

1. Gutachten des Rabbi Hirschel. 9. Nov. 1794 f. u.

2. Bericht der Churm. Kammer, die das Gutachten verwirft, namentl. auf Grund der Schrift von Joel Löwe. 30. Nov. 1794.

3. seine Meinung. Das Gen.-Dir. setzt die reliösen Vorurtheile bei den meisten Juden in Betreff der Beerdigung auseinander und schließt: „Wir gedenken also nicht unter solchen Umständen schon jetzt die Juden zu zwingen, sondern werden eine mehr ausgebreitete Aufklärung in diesem Stück abwarten".

Das auswärtige Amt schließt sich in seinem Schreiben an die mecklenb. Räthe wörtlich der Ausführung des Gen.-Direkt. an. 28. Febr. 1795.

Das Gutachten des Rabbiners lautet:

Aus der an Ihnen, Edle Herren, ergangene Königl. Kammerordre vom 13. Febr. 1794 und dem von Ihnen hinwiederum gegen mich geäußerten Verlangen, die gegen die vom Professor und Lehrer der Wilhelms-Schule zu Breslau Herrn Joel Löwe herausgegebene Schrift, die frühe Beerdigung betr. etwa habende gründliche Bedenklichkeiten ihnen mitzutheilen konnte ich Schwachheit halber so lange nicht Genüge leisten.

Die frühe Beerdigung und Verwahrlosung der Todtscheinenden hat schon seit geraumer Zeit unter den berühmtesten Aerzten als Rabinern viele

---

stellung der in den Jahrgängen 1787 und 1788 der genannten Zeitschrift auf Juden bezüglichen Aufsätze interessiren; sie zeigt, ohne daß sie den Anspruch auf Vollständigkeit erhebt, welches Interesse auch diese (gleichfalls aufklärerische) Zeitschrift den Juden entgegenbrachte: Verordnungen betr. die den Juden in Ansbach gewährte Erlaubniß am Sonntag Handel zu treiben, Wetzlarer Entscheidung in dem Proceß eines Juden gegen seine Vormünder, 1787 Bd. II, S. 320 ff. Zwei jüdische Gedichte auf die Huldigung des Königs Friedr. Wilh. II. (5. und 11. Okt. 1786), das eine von den Oberrabbi und den Judenältesten zu Glogau, das andere von der Gemeinde in Breslau (dem Monarchen durch Demois. Esther Gad überreicht). Beide Stücke werden mitgetheilt von Ehrhardt, Past. zu Beschine. Das. II, 508 eine Correspondenz „aus Franken" über Aufnahme eines jüd. Knaben in das Würzburger Gymnasium als einen ganz unerhörten Fall und über die freundliche Art, in der Lehrer und Mitschüler ihn behandeln. 1788 Bd. I, S. 209 fg.: Boshafter Artikel „Von den Hallischen protestantischen Missionarien zur Bekehrung der Juden" gegen das Missionswesen überhaupt und gegen die kleinliche unpriesterliche Gesinnung einzelner Beamten. Das. Bd. II, S. 457—464 „Parallelen zwischen dem christlichen und jüdischen Einwohner": Mitgefühl für die Juden, aber Hinweis darauf, daß der christliche Landmann gleichfalls schwer bedrückt unter dem Elend seufze: gegen Intoleranz, Neckereien, welche die Juden durch die Christen zu leiden haben; Klage über den mangelhaften moralischen und literarischen Zustand der Juden. Im Allgemeinen sei freilich „ihr äußeres Betragen mit einem weit bessern Anstand verbunden" und „fast Jeder kann wenigstens lesen und zur Noth seine Judensprache schreiben. Das läßt sich so allgemein von einer Menge von Christen nicht behaupten".

Schriften dafür und darwider veranlaßt, dergestalt, daß nicht zu erwarten steht, über diesen Gegenstand etwas neues vorzubringen. Die Geschichte zeigt (W. Lübecke), daß nicht allein bei vielen morgenländischen Nationen, sondern auch bei den Griechen, davon die meisten aufgeklärten Nationen ihre Kenntnisse mehrentheils zu verdanken haben der Gebrauch der frühen Beerdigung eingeführet war, welcher auch bei vielen iezt existirenden europäischen Nationen beibehalten werden. Auch diejenigen Religionsverwandten, welche ihre Todten länger als wir zum Begraben liegen lassen, haben dabey meines Erachtens nichts weniger als die Absicht, die Wiedererholung ins Leben zu erziehlen.

Denn wäre dieses, würden sie nicht ihre Todten ganz sorglos ohne alle Aufsicht in der Kälte liegen lassen, indem bei dieser Behandlungs-Art jeder Lebensfunken, der etwa noch in ihm zurückgeblieben sein möchte, nothwendig erlöschen mußte; Aller dieser herausgekommener Schriften ohnerachtet, sind sie dennoch von ihrem Gebrauch nicht im mindesten abgewichen.

Ganz anders aber ist unsere Behandlungs-Art der Kranken und Todten. Bei jedem Kranken, auch dem Allerärmsten, wird ein Arzt zum Konsulenten angenommen. Sobald die Krankheit gefährlich zu werden anfängt, werden gedungene, sowohl als aus der wohlthätigen Gesellschaft unentgeldlich Leute bestellt, die den Kranken bewachen und alle seine symptome observiren. Leute, die schon vielen Kranken und Sterbenden beigestanden und dadurch viel Erfahrung gesammelt haben, außerdem aber noch beständig mit dem frequentirenden Arzt Rücksprache nehmen, welcher doch gewöhnlich den herannahenden Tod vorauszusagen pflegt; bei der strengsten Aufmerksamkeit dieser Leute, durch welche sie die Lebensgeister stufenweise abnehmen sehen und die symptome des Todes wahrnehmen und selbst nach anerkanntem Tode ihn noch immerfort bewachen, überdies auch unsere Reinigungsgebräuche bei den Todten viele Reizungen zum Wiederaufleben geben; bei dieser Behandlungs-Art von solchen erfahrenen Leuten sage ich, wenn diese ihn einmal für todt anerkannt haben ist wohl keine Hoffnung zum Wiederaufleben übrig. Umsoviel weniger konnte ich vermuthen, daß gerade wir die herausgekommene Schrift wieder die frühe Beerdigung zu wiederlegen würden aufgefordert werden.

Da aber E. h. K. Kammer Ihnen meine Herren aufgegeben mit Zuziehung meiner die etwa habende Bedenklichkeiten wieder den Aufschub des Begrabens anzuzeigen, so unterwerfe mich u. th. diesem hohen Befehl und erkläre wie folgt:

Der Gebrauch der frühen Beerdigung ist bey unserer Nation von ewigen Zeiten her, welches aus vielen Stellen im Talmud zu erweisen ist, wie auch bereits verschiedener der berühmtesten Rabiner, als

Eubschütz	Rabiner zu Spremberg		
Jacob Hirsch	„	„	Emden
Ezechiel Landau	„	„	Prag

solches dargethan haben; hauptsächlich hat die Probe des Odem-Verlustes seinen Grund im Talmud daß sie solchen für ein sicheres Kennzeichen des Todes gehalten haben (wie im Tractat Tuma p. 85 zu sehen ist) aus verschiedenen Stellen im Talmud erhellet, daß die Rabiner die Erhaltung des Menschenlebens als eins der allerheiligsten und wichtigsten Gesetze geachtet haben. Es

findet sich im Talmud, daß alle andern Gebothe (ausgenommen drei Haupt-
verbrechen, als Abgötterei, Blutschande, Mordthat), wann sie der Errettung
eines Menschenlebens im Wege, aufgehoben werden.

Die Entheiligung des Sabbaths, welches Verboth bei uns eins der Haupt-
Geseze ist und so oft in der heil. Schrift eingeschärffet worden, wird dennoch
wegen Errettung eines Menschenlebens, sollte auch nur die Verlängerung desselben badurch auf einige Augenblicke zu bewirken sein, aufgehoben.... Diese Ret-
tungsarbeiten am Sabbath empfiehlt der Talmud den gelehrtesten und frömmsten
Männern in Person zu verrichten, fügt aber hinzu, daß wenn man den Schutt
eines eingestürzten Hauses, um den darunter liegenden Menschen zu retten,
wegzuräumen anfängt, und man an der Nase des Menschen den Verlust des
Odems wahrnimmt alle weiteren Rettungs-Anstaltungen eingestellet werden
sollen, weil er alsdann für gewiß todt zu achten ist und beziehen sie sich hierbei auf den Vers in der h. Schr. (1. B. M. 7,22): alles was Lebensgeist in
der Nase hat.

Die Rabiner ... müßten daher den Verlust des Odems für ein unzube-
zweifelndes Kennzeichen des wahren Todes gekannt haben.

Woher sollen sie aber die Untrüglichkeit dieses Kennzeichens haben, denn
aus dem daf. angezogenen Vers läßt sie sich nicht herleiten, auch kann es nicht
Mangel an Erfahrung sein, daß sie die Wiedererholung für unmöglich gehalten
haben sollen, weil doch eine Geschichte, die sich im Talmud findet (Tr. Mod-
hedt gleich im Anfange) zur Genüge zeigt, daß ihnen diese Möglichkeit wohl
bekannt gewesen, welche Geschichte der Herr Joel Löwe selbst anführt. Im
Grunde aber verhält sich die Sache folgender Gestalt.

Wir Kinder Jacobs haben von Gott durch Moses die Geseze in 2 Theile
erhalten
             1. die schriftliche,   2. die mündliche.

Diese leztere enthalten Erklärungen und nähere Bestimmungen der ersteren
(s. die Vorrede zu den jüdischen Ritualgesezen von Mendelssohn). Da nun
aber verboten war, die mündl. Geseze schriftl. zu bewahren, sondern immer
von Lehrer zu Schüler mündl. gelehret und weiter überliefert werden mußten,
so war die Methode der ersten Empfänger der Tradition und solche der Ver-
geßlichkeit zu entziehen einen dazu passenden Vers der heil. Schrift zu wählen,
worunter das mündl. Gesez leicht verstanden werden könne, und solches dadurch
dem Gedächtnisse besser zu imprimiren (s. Maimonides Vorrede z. Kommentar
der Mischnah); auf dieser Art haben die Rabbiner die mündl. Erklärung von
Errettung eines Menschenlebens von Gott durch Moses und fernere Ueberlie-
ferungen erhalten, daß, wenn der zu Errettende des Odems verlustig ist, derselbe gewiß todt sey und keinen Zweifel wegen der Wieder-Erholung übrig
läßt; den dabei angezogenen Vers haben die Talmudisten nur als wohl
passend zum Symbol gewählt, um diese mündliche Erklärung besser im Gedächt-
niß bewahren zu können.

Die beigefügten Worte im Talmud (Tr. Mocheth) daß man die Todten
die ersten 3 Tage nachsehen dürffe ... sind nicht befehlend, sondern enthalten
eine Erlaubnißertheilung und zwar wenn je der Fall eintreten sollte, daß jemand wegen des wahren Todes einigen Zweifel hege, (was in früheren Zeiten

beim Zerstreutwohnen ꝛc. möglich) bey unserer Verfassung aber ... ist kein Irrthum denkbar.

Wie sich aber die Sicherheit dieses Kennzeichens mit dem in der Schrift des Hn. Prof. Joel Löwe angeführten Exempel ausgleichen läßt, ist nicht so schwer einzusehn, als es anfänglich scheint. Über e i n e m von demselben angeführten Exempel, welches er aus dem Munde eines glaubwürdigen Mannes erhalten haben will, und welches sich in einem Städtchen in Gr. Pohlen zugetragen haben soll, habe ich genaue Erkundigungen eingezogen und den Mann selbst in Frankfurt a. O. gerichtlich vernehmen lassen, nach dessen Aussagen an der ganzen Geschichte weiter nichts Wahres ist, als daß er einmal in seiner Kindheit gefährlich krank war, und lange Zeit nach seiner Genesung noch eine sehr bleiche Farbe behalten habe, worüber ihm seine Schulkameraden aus Neckerey den Nahmen des todten Chaim beigelegt haben.

Es wundert mich nicht wenig, daß der erwehnte Hr. Verf. hierin nicht mit mehrerer Genauigkeit verfahren ist, wahrscheinl. Weise ist er durch den edlen Trieb der Menschenliebe dazu hingerissen worden und bei dieser Voraussetzung verdient es Entschuldigung.

Was das andere Exempel anbetrifft, von einem Juden in einem Pommerschen Städtchen, welches der Verf. ebenfalls von glaubwürdigen Leuten haben will, thut es mir sehr leid, daß weder Nahmen des Mannes noch des Städtchens angegeben wird, denn ich alsdann vielleicht ebenfalls Gelegenheit gehabt haben würde, hinter der Wahrheit kommen; die beiden noch außerdem angeführten Exempel von Dr. Hirschberg zu Königsberg und Dr. Marks zu Hannover können ebenfalls zu keinem Gegenbeweise dienen .... Beispiele von andern Rel.-Verwandten berühren uns nicht, da unsere Behandlungsart eine andere ist.

Wenn aller strengen Aufmerksamkeit ohnerachtet nach den von erfahrenen Leuten wahrgenommenen Symptomen des Todes sich dennoch eine Wiedererholung ereignet, es als eine unzuerwartende Abweichung von dem natürl. Laufe der Dinge zu betrachten ist, wodurch die Symptome das Todes an ihrer Untrüglichkeit nichts verliehren und kann deshalb bei andern Todesfällen nicht den geringsten Zweifel erregen ... Da wir von dem Schöpfer der Natur den Verlust des Odems als Zeichen des Todes erhalten haben, sind die Fälle, wo demohngeachtet eine Wiedererholung zugetragen hat, Abweichungen von der Natur, und braucht man bei andern Todes-Fällen darauf keine Rücksicht zu nehmen, und ist Derjenige, an welchem diese Symptome vorgenommen worden, für würklich todt zu achten.

Ist demnach zu folge des göttl. Gesetzes der Odem-Verlust als ein wahres Zeichen des Todes anzusehn, so begeht man, wenn man einen solchen Todten ohne allen Nutzen über Nacht unbegraben liegen läßt einen Verstoß wieder dem Verbot: Du sollst Deinen Todten nicht unbegraben übernachten lassen (5. B. M. C. 21 V. 23) Ob es gleich wegen einem gewissen vorauszusehenden Nutzen erlaubt ist, den Todten zu übernachten, so würde es aus dem Grunde der nicht zu erwartenden Wiederauflebung weil es ohne allen Nutzen ist, das Verbot nicht umstoßen können (Tr. Sanh. p. 46).

Noch mehr. Wenn man den Todten, wie behauptet wird, bis zur eintretenden Fäulniß unbegraben lassen müßte, so würde solcher gewißlich zum

Gegenstande des Abscheues und Ekels werden, und würden sich dann wenige
finden, die ihn begraben und die übrigen Gebräuche bei ihm verrichten sollten;
Sollten sich auch einige Lohns halber dazu bereitwillig finden, so würde es
doch immer mit Ekel und Verachtung verbunden sein. Um dieses von einem
Todten abzuwenden, werden viele andere Gesetze, die damieder sind, aufgehoben,
wie viele Stellen im Talmud zeigen (Tract. Brachot p. 19). Aus eben
dem Grunde ist es bei uns verbothen die Todten eher wieder aufzugraben, als
nur, wenn der ganze Körper bis auf den Knochen verweset ist, um ihn nicht
in einer ekelhaften Lage zu sehen, welches ihn zum Gegenstande des Abscheues
machen würde. Auch würden die Mitglieder der wohlthätigen Gesellschaft dadurch bewogen werden, auseinanderzugehn, um Ekel und üble Gerüche zu
vermeiden, welches der Gemeinde höchst nachtheillig seyn würde. Nicht weniger
empfiehlt die Cabahls sehr ernstlich die frühe Beerdigung wegen der Seelen-
ruhe . . . . .

Nach diesen hier angeführten Gründen habe ich das volle Zutrauen zu
den tiefen Einsichten einer erleuchteten Königl. Kammer, daß sie uns bei der
Ausübung unserer Gesezze und wohlgegründeten Gebräuche lassen werde.

Um aber allen scrupel noch mehr zu heben, könnte allenfalls bei jeder
Beerdigung eines Todten hauptsächlich bey einem plötzlichen Todesfall die Einwilligung dazu von dem frequentirenden Arzt erst abgewartet werden.
Übrigens bleibt es jedem der Gemeinde wegen eines etwa habenden Zweifels
unbenommen, über jene und der Seinigen Beerdigung nach Gutdünken zu
ordinieren.

Wir übrigens aber erwarten diese Art der Wiedererholung ins Leben gar
nicht, wohl aber jenes Aufleben, welches Gott der Herr durch den Propheten
Ezechiel Cap. 37 v. 12, 13 [verkündet hat.]

Berlin 9. Nov. 1794.   Hirschel.

Da es sich in den vorliegenden Falle um keine preußische Angelegenheit handelte, so erfolgte nichts weiter. Die Sache gewann aber actuelles
Interesse durch ein in Breslau geschehenes Ereigniß. Ueber dasselbe berichtet der schlesische Kanzler v. Hohm an das Gen.-Dir. 16. Febr. 1798
(das Schreiben ist gedruckt in den Jahrb. d. preuß. Monarchie 1798,
Bd. II, S. 114 fg., andere Aktenstücke über denselben Breslauer Fall a.
a. O. I, 225—230, II, 240—246). Das Kind eines Breslauischen
Juden, Wesel, wäre, wenn nicht ein zufälliger Umstand es verhindert hätte,
lebendig begraben worden. Seine (Hohms) Versuche, durch Zureden den Juden
die Sitte des schnellen Beerdigens abzugewöhnen, seien gescheitert. Es sei
Pflicht des Staates gegen diesen empörenden Mißbrauch einzuschreiten.

Das Gen.-Dir. übersendet dieses Schreiben Hohms dem Justiz-Dep.
(6. März) und den Oberlandesältesten. Das Just.-Dep. schreibt darüber
an das Gen.-Dir. (19. März 1798), „daß wir bei dem von Herrn v. Hohm
gemachten Antrage nicht das mindeste Bedenken finden, da schon das Allg.
Landr. Th. II Tit. XI § 470 auf besondere Polizei-Verordnungen hierüber verweiset, und nach dem Vorschlage des Hrn. v. Hohm die Juden es
in ihrer Gewalt haben werden dem Gesetze mit Schonung selbst ihrer
religiösen Vorurtheile ein Genüge zu leisten."

Die Aeltesten, welche auf das erste Schreiben keine Antwort sandten, wurden nochmals zur Antwort aufgefordert (3. Apr.) und übersenden 4. Sept. ein Gutachten des Rabbiners (34 weit geschriebene Folioseiten), des Inhalts „daß die frühe Beerdigung in dem Theil des Talmuds, Santreduin Cap. 6, Mischnah 5, nach welchem die alten Rabbinen und Autoren unsere religiöse Einrichtungen und Gesetze bestimmt haben, als ein Mosaisches Gesetz allerdings befohlen ist".

Das Gutachten schließt wörtlich so, wie das vorhergehende, wie es überhaupt zum guten Theil nur eine breitere Ausführung desselben ist. Ich hebe nur die Stelle über den Breslauer Fall (S. 218) heraus „wie sie die Vorsteher der Brüderschaft öffentlich dem Publikum ohne Widerlegung mitgetheilt haben".

„Das Kind war das letzte von Drillingen und sehr schwach; der dabey nöthige Krankenwärter wurde aus dem Bierhause geholt und bezeigte große Lust wieder dahin zu gehn, er erklärte also, um einer Arbeit entübrigt zu seyn, das Kind, da es wirklich keinen Anschein des Lebens hatte, für todt. Als man aber diesen weggeschickt, und einen andern hatte rufen laßen, ergab es sich, daß nach der gehörigen Behandlung das Kind nicht todt, sondern bloß ein Schwächling sey, indessen starb es doch bald hernach wirklich".

Der Krankenwärter wurde sofort seines Amtes entlassen.

4. Sept. 1798.   Hirschel Löbel, O. L. Rabb.

Das Gutachten ist ferner unterschrieben von den Assessoren: Meyer Simon Weyl, Simon Joachim.

Trotz dieses Gutachtens wurde Hoyms Wunsch entsprochen. Am 25. Sept. 1798 wurde ein Circular an sämmtliche Kriegskammern erlassen[2]), in welchem es heißt: „Ihr habt den Oberlandrabbi und die Rabbiner durch die hiesigen Landesältesten anzuweisen, in Beziehung auf Begräbnisse sich nach den Anordnungen des Landrechts zu richten, . . . weil die Frage, ob Jemand todt ist, nicht Sache der Religion, sondern der Physik . . und daher nur der Landespolizey zukommt . . Ihr habt den Rabbinen mitzutheilen, daß wenn ausgemittelt werden sollte, daß in irgend einem Falle dem Landrecht entgegen gehandelt worden sei, diejenigen, denen hierbei ein Verschulden zur Last fiele, verantwortlich würden gemacht werden".

Auch diese Strafandrohung erwirkte nicht viel. Die alten Zustände blieben vielmehr im Wesentlichen bestehen; selbst die Versuche einiger Aufgeklärten, für sich und ihre Angehörigen eine Aenderung zu schaffen, hatten keinen Erfolg. Diese Versuche gehen auf David Frieblaender, den unermüdlichen Kämpfer für die Sache der Aufklärung, zurück und beziehen sich speciell auf Berlin. Frieblaender schreibt in seinen „Aktenstücken"

---

[1]) Die im Folgenden benutzten Aktenstücke aus dem Ministerial-Archiv Gen Dep. Nr. 22.

[2]) Abgedruckt in dem Mylius'schen Corp. X, nr. 76, p. 1767. In demselben wird Bezug genommen auf das obenerwähnte Cirkular (12. Dez. 1793) und auf eine durch Cirkular vom 6. Jan. 1795 erlassene Instruction an Prediger vom 31. Oct. 1794.

(S. 26 A.) [1] „Man erkennt die Einwendungen einiger Rabbiner gegen das deutliche Verbot des Talmuds, die Todten früh zu bestatten. Wenn ungeachtet dieses Verbots in Berlin hierin noch keine Aenderung getroffen worden, so ist es wohl einzig und allein der bis auf diesen Tag noch fortdauernden subsidiarischen Verbindung zuzuschreiben, welche die einzelnen Hausväter hindert, nach eigner Ueberzeugung zu handeln."

Ungeachtet dieser Hindernisse suchten bald darauf Einzelne selbständig vorzugehn; die Art, wie sie es thaten, spricht dafür, daß Friedlaender, wenn er auch nicht ausdrücklich genannt wird, diesen Bemühungen nicht fern stand. Auch hier mögen die Actenstücke für sich reden. Angeregt wurde die Sache durch folgende Eingabe des Polizeidirectors an den König.

Allerdurchlauchtigster

Die hiesige jüdische Colonie beharret bei ihrem Gebrauch, die Todten in den ersten 36 Stunden nach den anscheinenden Absterben derselben zu beerdigen und wenn gleich einige Mitglieder der Colonie wünschen, daß ihre verstorbenen Verwandten nicht in dieser kurzen Zeit begraben würden, so müssen sie doch sich der höchst gefährlichen Sitte unterwerfen, weil die Personen ihrer Colonie, die die Aufsicht über den Kirchhof derselben und das Begraben zu besorgen haben, sich durchaus nicht dazu verstehen wollen, das Begraben länger als 36 Stunden auszusetzen. Einen auffallenden Beweiß davon hat kürzlich der Hofrath Herz, der selbst so überzeugend gegen das zu frühe Begraben geschrieben hat, gegeben, auch sogar seine Leiche mußte sich der frühen Beerdigung unterwerfen.

Dies hat dem Verlaute nach, einige Mitgliedern der Colonie auf den Wunsch gebracht, einen Gewölbeplatz auf dem christlichen Kirchhoff zu acquiriren, um sich nach ihren Absterben darin beerdigen zu lassen, und zwar ganz ohne der jüdischen Ceremonie und mit dem gewöhnlichen Leichenwagen zu Grabe bringen zu lassen.

Da aber diese aufgeklärte Personen, der Verfolgung der orthodoxen Mitglieder ihrer und wenigstens dem zweideutigen Urtheil zu entgehen wünschen, so wollen selbige bei ihrem Leben eine anonimitaet beobachten, und ihren vorgedachten Willen schriftlich, der gleich nach ihrem Ableben eröffnet werden soll, hinterlassen. Da nun, wenn dieser Akt eintreten sollte, Gefahr beim Verzug vorhanden sein würde, so finden wir uns veranlaßt, E. K. M. um Entscheidung zu bitten:

ob einem Juden alhier nachgelassen werden könne, sich ein Gewölbe auf einem christlichen Kirchhoffe zu acquiriren und nach ihrem Absterben, versteht sich entfernt von allen jüdischen Begräbniß-Ceremonien mit dem gewöhnlichen Leichenwagen dorthin schaffen zu lassen.

Das allgemeine Land-Recht, so wenig als die Provinzialgesetze, noch das gemeine Recht stehen diesem Vorschlage entgegen, und die Vorschriften des kanonischen Rechts in dieser Materie sind zu sehr mit Aberglauben und

---

[1] Vgl. über diese Sammlung m. Gesch. der Juden in Berlin II, S. 161 ff. Die Aktenstücke waren schon 1793 erschienen.

[2] Geh. Staats-Arch. Judensachen. Generalia. Nr. 44.

hierarchiſchen Grundſätzen verwebt, als daß ſie gegen jene aufgeklärte Ge=
ſetze Kraft haben ſollten. Es trägt vielmehr die Ausführung des Bor=
ſchlags zur wechſelſeitigen Aufklärung beider Religions-Verwandten bei und
es wird höchſt wahrſcheinlich die ſchädliche Orthodoxie der Juden, in
dieſen Punkt mildern und die den alten Gebräuchen anhangende Juden
dahin vermögen, lieber von dem grauſamen Gebrauch des frühen Be=
erdigens abzulaſſen, als es zugeben, daß einige Mitglieder ihrer Gemeine
ſich auf einem chriſtlichen Kirchhofe begraben laſſen.
       Wir verharren in tiefſter Ehrfurcht
E. K. M.

Berlin 18. Apr. 1803.   a. u. treugehorſamſte
Das Polizey - Direktorium
Eiſenberg.

    Der dirigende Miniſter von Voß ſendet dies Schreiben dem Geh. R.
(Exc. v. Maſſow (Geiſtl. Depart.) zur Aeußerung zu (28. Apr.), der einen
Bericht des Magiſtrats einfordert (17. Mai), und an das Gen. Dir. ſchreibt:
„Gegen den Antrag des Pol. Dir. iſt in kirchlicher Hinſicht nichts zu er=
innern, die Vorurtheile des großen Theils der chriſtl. Gemeine ſind doch
hierunter noch viel zu groß, als daß eine tolerante und hiezu geneigte
Stimmung derſelben allgemein zu erwarten ſeyn dürfte. Ohne ſolche läßt
ſich aber deshalb nicht wohl etwas für die Juden beifälliges feſtſetzen, da
die Kirchhöfe in der Regel nur Eigenthum der Kirchengeſellſchaften ſind.
Es ſcheint daher wohl rathſamer zu ſeyn, es denen jüdiſchen Familien,
welche ein Begräbniß-Gewölbe auf chriſtlichen Kirchhöfen wünſchen, zu
überlaſſen, ob ſie deshalb mit der eingepfarrten Gemeine und deren Vor=
ſtehern ſich in Güte einigen können, da dann, wenn ſolcher Vergleich zu
Stande gebracht, näher zu prüfen ſein würde, ob und unter welchen
Modalitaeten und Einſchränkungen er in kirchlicher und polizeilicher Hin=
ſicht genehmiget werden kann?
    Wenn inzwiſchen bei dem Antrag der jüdiſchen Familien die Be=
ſorgniß wegen zu früher Beerdigung zu Grunde liegt, ſo muß das geiſtl.
Depart. E. E. anheimſtellen, ob hierunter nicht von Landespolizei wegen
eine der gleichen Beſorgniß hebende Verfügung und Regulativ wegen der
Judenbegräbniſſe, beſonders wenn der Verſtorbene hierunter ſeinen Willen
erklärt haben ſollte, nötig ſeyn dürfte" (26. Aug.).
    Dies wird dem Pol. Dir. abſchriftl. mitgetheilt und die Cirkular-
verordnung v. 1795 u. 98 umſomehr beſtätigt, da nach einem von Hirſchel
Loebel 9. Nov. 1794 (vgl. oben) abgegebenen Gutachten, auch ſchon
einem jeden Juden unbenommen ſei, über ſein und der Seinigen Begräbniß
nach Gutdünken zu verfügen (14. Sept. 1803).
    Als Nachtrag zu dieſen Mittheilungen laſſe ich zwei andere Akten=
ſtücke hier folgen, die zwar nicht über die frühe Beerdigung handeln, und
auch nicht grade hundert Jahre alt ſind, aber hier angeſchloſſen werden
mögen, da ſie ſich auf Beerdigungsweſen überhaupt beziehn und jedenfalls
an eine längſtgeſchwundene Zeit gemahnen. Nur einige Worte müſſen
denſelben zur Erläuterung vorangeſchickt werden.

Die Anstrengungen der Juden waren von Erfolg gekrönt worden. Der 11. März 1812 hatte ihnen bürgerliche Rechte gebracht. Aber auch die Bemühungen der Aufklärer waren nicht fruchtlos gewesen: der Gottesdienst war verändert, die deutsche Sprache in denselben eingeführt, das Beerdigungswesen dem allgemeinen in Deutschland üblichen ähnlich gemacht worden [1]). Nur die Stellung der Staatsregierung diesen inneren Bestrebungen gegenüber hatte sich wesentlich verändert. Dem Zeitalter der Aufklärung war das der Reaction gefolgt. Hatten sich in jenem die Behörden den freisinnigen Bemühungen der Vorgeschrittenen geneigt erklärt, so waren sie nun bestrebt, Fortschritte zu hindern, jede Neuerung zu verbieten.

Dieser Standpunkt zeigt sich deutlich in folgendem Erlasse des Polizei=präsidenten [2])

„Das Pol. Präs. erwidert den Herren Aeltesten der Judenschaft, daß nach den wiederholten ausdrücklichen Befehlen Sr. Maj. d. Königs in dem jüdischen Religions=Cultus jede auch die kleinste Aenderung oder Neuerung unzuläßig, namentlich darf die deutsche Sprache bei demselben auch nicht als Uebersetzungsmittel gebraucht werden. Die Leichenbestattung der Juden ist nach der eigenen Erklärung der Herren Aeltesten und des Rabbinat= Assessors Oettinger ein religiöser, kirchlicher Act, es kann also nicht gestattet werden, daß das bei den Beerdigungen gesprochene Gebet auf dem neuen Kirchhofe in deutscher Uebersetzung aufgestellt werde und haben die Herren Aeltesten diese Uebersetzung sofort von der Tafel löschen zu lassen, auch binnen acht Tagen anzuzeigen, wie solches geschehen. Außerdem ist vernommen, daß bey der Beerdigung der verwittweten Meyer eine Rede in deutscher Sprache gehalten worden. Wenn nun solches ebenfalls den obenerwähnten Allerhöchsten Befehlen zuwiderläuft, so haben die Herren Aeltesten sich gleichfalls im obigen Termine über den Hergang der Sache zu erklären und resp. zu verantworten."

Berlin 16. Juli 1827.   Königl. Pol. Präsid. (Patzig).

Die darauf ertheilte, sehr würdige Antwort des damaligen Rabbinats= assessors Oettinger [3]) ist deshalb um so characteristischer, als der Genannte keineswegs ein Vertreter der freisinnigen Partei, sondern durchaus Anhänger und Vertheidiger der alten Richtung war. Und so mögen seine schlichten Worte den Abschluß der diesbezüglichen Mittheilungen aus einer Epoche bilden, die weit hinter uns liegt. Sein Schreiben lautet:

„Die Herren Aeltesten der hiesigen Judenschaft haben mir die Mittheilung gemacht, daß nach der Beerdigung der verwittweten Meyer auf dem neuen Gemeinde=Begräbnißplatze, nach Inhalt einer an dieselben erlassenen Aufforderung Eines königlichen hochpreislichen Polizei=Präsidiums, eine deutsche Rede zur Einweihung des Begräbnißplatzes gehalten sein soll.

---

[1]) Für alle diese Verhältnisse muß ich auf m. Gesch. der Juden in Berlin I, 151 ff., 163 ff., II, 192 ff., 210—234 verweisen.
[2]) Dieses und das folgende Altenstück sind dem Archiv der jüdischen Gemeinde Berlin entnommen.
[3]) Vgl. über ihn m. Gesch. I, 189 II, 259.

Als zeitiger Verwalter des hiesigen Rabinats habe ich diesen Vortrag ge=
halten, und zwar ganz in derselben Art und Sprache, wie alle meine
Vorgänger hier und sämmtliche Rabiner in den gesammten Judengemeinden
ihre Reden bisher gehalten haben, nähmlich in der deutschen Sprache, wie diese
meine Unterhaltungssprache ist und die meiner Vorgänger war. Da ich
nun ein geborener Deutscher aus Glogau gebürtig bin, so mag wohl
meine Mundart von der meiner polnischen Glaubensgenossen abweichend
sein und sich der hochdeutschsten Sprache mehr nähern. Ein solcher reli=
giöser Vortrag wird von mir und meinem Amtsgenossen, wie dies von
unsern Vorgängern hier seit uralter Zeit geschehen ist, während des
Sommers abwechselnd an jedem Sabbath=Nachmittag gehalten, und zwar
in der Synagoge.

Auch ist es notorisch und eine bekannte Thatsache, daß sowohl in
hiesiger jüdischen Gemeinde, sowie in andern Judengemeinden seit langer
Zeit das Gebet Hanotten in hebräischer Sprache und deutscher Ueber=
setzung aushängt, das jedoch nur in hebräischer Sprache gehalten wird.
Das Aushängen des Gebets Zidduk hadin in deutscher Sprache neben
der hebräischen enthält durchaus nichts, was dem bisherigen jüdischen Re=
ligions=Kultus im Mindesten entgegen ist.

Berlin 26. Juli 1827. J. J. Oettinger."

5. Zum Capitel der Judentaufen in Berlin.

Auch die folgenden Mitteilungen sind fast ausschließlich den Akten des
Berliner Staatsarchivs (verschiedene Fascikel tragen die Aufschrift „Juden=
sachen Generalia Nro. 30; bei meinen meisten Notizen fehlte eine ge=
nauere Bezeichnung) entnommen. Auch der Charakter der Darstellung
soll daher durchaus ein historischer sein. Es handelt sich dabei also weder
um psychologische Untersuchungen noch um Erörterungen von Opportunitäts=
gründen, sondern um einfache geschichtliche Darlegung eines, wie freilich
von vornherein bekannt werden muß, sehr heiklen Gegenstandes. Da aber
gerade im 18. Jahrhundert und im Anfang des 19. der Uebergang der
Juden zur christlichen Religion so häufig war, daß die ernsteren Haus=
väter das Bestehen ihrer angestammten Religion in Frage gestellt sahen,
so lohnt es sich, auf die Angelegenheit einen Blick zu werfen. Freilich
tritt hier einer jener Fälle ein, in welchem die Akten uns keineswegs den
letzten und ausschließlich gültigen Aufschluß geben: über Geheimnisse des
Herzens giebt es selten Aktenstücke.

Fünf Motive sind es, welche im 18. Jahrhundert in Berlin manchen
Juden den Uebertritt zum Christentum wünschenswert machten: Erstens die
reine Ueberzeugung von der Wahrheit der Schwesterreligion. Zweitens die
Lust von Mädchen aus den reicheren Familien, sich mit Christen zu ver=
heiraten und dadurch eine gesellschaftliche Stellung einzunehmen, welche
ihrer Bildung und ihrem Reichtum entsprach oder die Neigung junger
jüdischer Männer, an den gesellschaftlichen und staatlichen Vorrechten ihrer
christlichen Genossen teilzunehmen. Drittens persönliche Gereiztheit ein=
zelner, welche sich von der Mehrheit ihrer Glaubensgenossen in geschäft=
lichen Dingen beeinträchtigt oder sonst schlecht behandelt wähnten, und die

als Glieder der herrschenden Kirche sich an ihren Feinden zu rächen hofften. Viertens das nicht eben sehr redliche Vornehmen mancherlei „unvergleiteter", d. h. ohne Erlaubnis (Schutzbrief) der Obrigkeit in Berlin lebender, welche sich durch einen Uebertritt das Recht zu erkaufen gedachten in Berlin zu bleiben. Fünftens das Vorgehen jüdischer Dienstmädchen oder weiblicher Personen niedern Standes überhaupt, welche von einem Christen geschwängert waren und in der Taufe das einzige Mittel sahen, von ihren Verführern die Erfüllung des von diesen gegebenen Heiratsversprechens zu erzwingen oder denselben wenigstens die Erfüllung zu erleichtern.

Daß von den ersteren die Akten nichts berichten, versteht sich von selbst. Dagegen haben wir darüber eine merkwürdige Schrift, die ich noch nirgends angeführt gesehen habe, und auf die ich deshalb die Aufmerksamkeit lenken möchte. Das Buch heißt „Charlotte Sampson oder Geschichte eines jüdischen Hausvaters, der mit seiner Familie dem Glauben seiner Väter entsagte. Eine Geschichte der neuesten Zeit". (Berlin bei J. F. Unger. 1800. 240 S.) Charlotte Sampson ist ein junges Mädchen, das mit einem Christen Julius Hernau heimlich verlobt ist. Sie hofft sich mit ihm vereinigen zu können, weil sie wähnt, daß das bekannte Sendschreiben jüdischer Hausväter an Probst Teller den gewünschten Erfolg d. h. eine Vereinigung der Juden mit den Christen haben würde. Da Teller eine solche Vereinigung ohne wirkliche Taufe ablehnt, so scheitern die Hoffnungen des jungen Paares. Hernau flieht daher mit Charlotte und will sich in der Nähe Berlins trauen lassen. Sie kommen nach mancherlei Abenteuern, deren Erzählung unserm Zwecke fern liegt, zu einem Prediger Wartenfels, der statt dem Wunsch des jungen Paares zu genügen, die Eltern des Mädchens von der Ankunft des Flüchtlings benachrichtigt und dieselben veranlaßt, mit einem Freunde des Vaters, einem Rabbiner, und dessen Tochter nach dem kleinen Dorfe zu kommen. Dort entspinnen sich große religiöse Debatten. Der Prediger, ein außerordentlich aufgeklärter Mann, giebt S. 55—105 eine lange Kritik des Sendschreibens, in welcher er bei aller Achtung vor der Gesinnung der Schreiber doch mehr den christlichen Standpunkt hervorhebt, wenn er auch freilich sowohl in dieser Kritik wie in anderen Bemerkungen gegen Teller aufs Heftigste polemisiert. Die religiösen Gespräche, welche sich an diese Kritik anschließen, sind überaus interessant. Der Verfasser der Schrift, der nicht bekannt, der aber offenbar in der Reihe der Christen zu suchen ist, muß mit jüdischen Dingen ziemlich vertraut sein. Denn die Verteidigung, welche er die in der Erzählung auftretenden Juden, gegen die ihnen von Wartenfels gemachten Vorwürfe, sie seien unmoralischer als die Christen, sie seien nicht wohlthätig, sie hätten kein inniges Familienleben, unternehmen läßt, ferner das Eingehen auf jüdische Gebräuche und Glaubenslehren zeugen von einiger Vertrautheit mit den behandelten Gegenständen. Auf die Kritik des Sendschreibens folgt eine Auseinandersetzung christlicher Lehren seitens des Pfarrers, ferner die an die Freunde gerichtete Aufforderung, zum Christentum überzugehen, freilich mit der Bedingung, „sich nicht auf den strengen Buchstaben eines gewissen Symbolums, sondern nur auf die Bibel taufen zu lassen" (S. 183). Mit dieser Beschränkung entschließt sich Sampson mit den Seinen die Taufe anzunehmen. Der Rabbiner Markus und seine Tochter bedarf noch längerer Ueberlegung, um diesen Schritt gleichfalls zu thun. Dann nimmt die ganze Gesellschaft die Taufe an. Hernau wird mit seiner Charlotte, Sophie, die Tochter des Rabbiners, mit dem Prediger glücklich. Alle leben an dem Orte, an welchem der Prediger wirkt, Sampson und Hernau kaufen zusammen ein gerade frei gewordenes Gut, das sie bewirtschaften. Zu bemerken ist an dieser sehr merkwürdigen Geschichte allerdings das eine, daß eine vollständige Lösung der Skrupel, welche von den jüdischen Freunden aufgestellt werden, nicht gegeben wird, und daß insbesondere der innere Kampf des Rabbiners etwas flüchtig dargestellt und allzu schnell entschieden wird. Aber doch ist das ganze Buch ein merkwürdiges Zeugnis für den respektvollen Ton, in welchem damals durchaus eifrige Christen von Juden und jüdischer Lehre sprachen, und liegt fernab von der heftigen, nicht selten unwürdigen Polemik, in welcher sich damals die Kämpfenden gefielen.

Die der zweiten Klasse angehörige Zahl ist Legion. Wenige der angesehenen Familien Berlins blieben in allen ihren Gliedern dem Judentum anhänglich: einzelne Beispiele sind schon oben gegeben. Hier soll kein Versuch gemacht werden, eine vollständige Liste der getauften Jüdinnen aufzustellen. Nur ein Fall, über welchen aktenmäßige Mitteilungen vorliegen, soll hervorgehoben werden, weil die Persönlichkeit, die es betrifft, in der deutschen Literatur eine Rolle spielt. Es ist Frau von Grotthuß, die sich eine Freundin Goethes nennen durfte (vgl. Zeitschrift Bd. I, S. 326 fg.). Unter dem Titel „Akta wegen der von dem Prediger Stein getauften und wieder zum Judentum zurücktretenden Geschwister Meyer" [1] befindet sich in dem Geheimen Staatsarchiv ein Fascikel, welches ein Rescript der Regierung an das kurmärkische Consistorium vom 7. November 1788, die Antwort desselben und den Bescheid der Regierung vom 1. Dezember enthält. Aus diesem Bescheid, der die ganze Sache erläutert, seien folgende Sätze mitgeteilt:

„Der Vorgang mit den beiden getauften und zu ihrem alten Glauben wieder zurückgekehrten Jüdinnen, Geschwister Aron Meyer, hat zuviel ärgerliches Aufsehen erregt, als daß solches ohne Ahndung durchgelassen werden könnte. Die von dem Prediger Stein zu Welsickendorf vorgeschützte Unwissenheit der Landes-Verordnungen entschuldigt ihn um so weniger, da es ihm nicht an mehr erfahrenen Amtsbrüdern gefehlt, mit welchen er zu Rathe gehen können und nicht e i n s t (=einmal) ein scheinbarer Vorwand angegeben ist, welcher der Uebereilung bey dieser wichtigen Handlung auch nur einen Anstrich zu geben vermag; unverzeihlich aber ist es, daß der Stein an der Sarah Wulff ohne vorgängigen Unterricht und Vorbereitung und ohne alle Prüfung ihrer Kenntnisse, bloß auf ein von derselben eingereichtes schriftliches Glaubensbekenntniß die Taufe vollzogen. Es befremdet Uns daher nicht wenig, daß Euch die Gewissenlosigkeit des Stein nicht sofort eingeleuchtet, und Ihr durch die von ihm vorgespiegelte Lauter-

---

[1] Nur eine Notiz darüber „der sonst wenig erhörte Fall einer rückgängig gewordenen Taufe" bei Varnhagen v. Ense, Verm. Schriften, 2. Theil S. 76.

keit seiner Absicht getäuscht werden können, da doch schon die Zurückhaltung seiner Anzeige bis den Tag nach der an der zweiten Schwester schon voll= zogenen Taufe die Arglist, womit der Stein zu Werke gegangen, verräth, solche auch noch mehr zu Tage kommen wird, wenn die Anzeige der jüngeren Aron Meyer'schen Tochter, daß der Stein ohne ihr vorher mit Unterricht an die Hand gegangen zu seyn, das von ihm entworfene und von ihr zum Behuf der Taufe unterzeichnete Glaubensbekenntniß, ihr aller= erst den Abend zuvor durch einen Dritten zustellen lassen, bey näherer Prüfung wahr befunden werden sollte" [1]).

Trotz dieses Bescheides scheint diese Sache zehn Jahre geruht zu haben; er hatte die einzige Wirkung, daß gegen den genannten Prediger eine Untersuchung eingeleitet wurde, über deren Resultat ich nichts zu sagen vermag. Bei der am 25. April 1798 angestellten Untersuchung erklärte die seit dem Jahr 1797 verheiratete Sarah Meyer, sie habe nur dem Zwang der Eltern nachgebend äußerlich das Judentum angenommen, sei aber stets Christin geblieben und wolle nun wieder frei ihren neuen Glauben bekennen. Das Oberconsistorium schlägt vor, sich mit ihrer Deklaration und einem Attest des Predigers des Ortes, wo sie sich aufgehalten, zu be= gnügen (3. Mai). Die Regierung dagegen hält (21. Mai) eine einfache Erklärung für nicht genügend, sondern „es wird ein geistlicher Commissarius zu ernennen sein, welcher dieselbe zuvörderst prüfen muß, ob sie von der christlichen Religion und den Glaubenslehren die erforderliche Kenntnis habe und, wann er dieselbe hinlänglich unterrichtet findet, nach abgelegtem Glaubensbekenntnis sie durch die Taufe wiederum zu einem Mitgliede der christlichen Kirche aufnehmen und das von ihr ungültiger Weise ein= gegangene Ehebündnis durch eine nochmalige Trauung nach christlichem Gebrauch legalisiren muß". Eine solche Wiedertaufe erklärt nun aber das Consistorium (21. Januar) „nach christlichen Grundsätzen für unzulässig". Man könne sich daher, so schlägt es vor, mit ihrer „Deklaration, den Rücktritt zum Judentum zu bereuen und eine gute Christin zu werden" begnügen. Dabei beruhigt sich auch die Regierung. Halte indessen das Consistorium auch eine neue Trauung für unnötig erklärt, so besteht die Regierung (2. Juli) darauf, „daß die Trauung auf alle Fälle wegen der bürgerlichen Folgen wiederholt werden muß". Gewiß ist eine solche er= folgt; die Akten enthalten darüber aber keinen weitern Vermerk.

Auch von der dritten Klasse der Personen, welche zum Christentum überzugehen bereit waren, enthalten die Akten ein charakteristisches Beispiel: Am 27. Oktober 1724 beschwert sich Levin Wolff, er werde von der Judenschaft so verfolgt, daß er um 20000 Thaler „das ich mit meiner Corresponbenz aufweisen kann", gebracht worden sei; „und haben sie unter= schiedenemahle so viel auf ihre ungleiche Vorstellung effectuirt, daß ich gar

---

[1]) In einer Anmerkung wenigstens sei auf einen Aufsatz der „Annalen der preu= ßischen Monarchie" 1801 Bd. II, S. 117 ff. hingewiesen, „Die Selbsttaufe der Ber= linischen Jüdinnen. Vertheidiget von einem freien Manne gegen einen geistlichen Herrn", in welchem der Prediger, der sehr erbittert darüber ist, daß eine Jüdin in ihrer Todesanzeige Fanny Henriette genannt und als Verklärte bezeichnet ist, von seinem Unterredner mit guter Laune zurechtgewiesen wird.

die Stadt etlichemahl räumen und fast mein Brodt vor denen Thüren suchen müssen, ja, was noch mehr ist, so haben mich die Aeltesten gar aus der Liste gelassen, ob wäre ich kein Schutzjude, da ich doch laut Privilezii 28 Jahr allergnädigsten Schutz als ein wirklicher Schutzjude genossen". Nun wolle er sich taufen lassen und sein Recht von der Judenschaft haben. Der Generalfiskal Duhram hält jedoch (2. November) die Forderung des Petenten für unbegründet, und auch wir können kaum glauben, daß „ein Spielmann bei der ehemaligen Lipmann'schen Schule", wie er sich selbst bezeichnet und von Anderen bezeichnet wird, sich ein derartiges Vermögen zusammengesungen habe. Levin Wolff hört aber trotz der ersten vorläufigen Abweisung mit seinen Quälereien nicht auf. Er verlangt nun, nachdem ihm die Taufgedanken vergangen zu sein scheinen, eine Bestätigung als Musikant und die Verpachtung der jüdischen Hochzeiten auf zehn Meilen im Umkreise um 25 Thaler jährlich, erhält aber den Bescheid, daß „man diesen unvergleiteten Juden, der schon längst hätte weggeschafft werden sollen, nicht länger dulden solle". — Daß manche, die zum Christentum überzugehen sich entschlossen zeigten, von ihren eifervollen ehemaligen Glaubensgenossen, besonders den nächsten Verwandten, verfolgt wurden, ist sehr glaublich. Daraus erklärt sich z. B. ein Schutzbrief für Bona Jeremias (1./11. December 1690), in welchem den Verwandten der Genannten und der gesamten Judenschaft untersagt wird, der Bona Jeremias etwas zu Leibe zu thun. Aehnlicher Art ist auch folgende Bestimmung, die, um ein Beispiel dieser Art zu geben, hier wörtlich folgen soll:

Auf Beschwerden der Proselytin Hanna, des verst. Lazarus Simons Tochter, wird nämlich der Judencommission befohlen, „die Aeltesten und Vorstehern der hiesigen Judenschaft vor euch zu fordern, und sowohl sie, als auch durch dieselben die sämmtl. hiesige Juden zu bedeuten, daß niemand von dieser Nation an die Supplicantin sich mit Worten oder Werken bei schwehrer Ahndung vergreifen solle; wie ihr dann auch, so viel die ihr angeblich ausgemachte Alimenta betrifft, die Verfügung zu machen habet, daß solche ratione praeteriti sofort abgetragen und ratione futuri deshalb gehörige Sicherheit gestellet werden möge, übrigens auch ihre Mutter zur Extradition derer ihr zustehenden Kleider und sonstigen Effecten anhalten müsset" (18. Juni 1746).

Beispiele der vierten Art (Eindrängen „Unvergleiteter" unter dem Vorgeben der Taufe) sind sehr häufig. Da aber diese Fälle meist arme Leute betrafen, so machte die Judenkommission und das Polizeidirectorium in den häufigsten Fällen sehr kurzen Prozeß und beförderte die Petenten auf dem kürzesten Wege aus dem Weichbilde der Stadt.

Sehr häufig sind die Fälle der fünften Art. Unsere Akten bieten eine große Masse Beispiele. Zwei, die das entgegengesetzte Resultat hatten, greife ich heraus. Beide Mal handelte es sich um die nachgesuchte Aufnahme von Jüdinnen in die katholische Religion. Am 27. Juli 1802 bittet Amalie Philipp aus Alt-Brandenburg um dieselbe und erfleht schleunige Erhörung, da sie sich schon seit fünf Monaten von einem Unteroffizier schwanger befinde. Nach Einwilligung des katholischen Feldprobstes vom 14. August wird diesem geboten, sie aufzunehmen (23. August). Da-

gegen wird Rebekka Ruben aus Dessau, welche nach Entlassung aus der
Charité ein Kind zur Welt gebracht hatte, in die Stadtvogtei zurückgeliefert,
wo sie nicht bloß wegen Führung eines falschen Namens, sondern wegen
noch anderer Vergehen gesessen hatte und wird mit ihrem Gesuch, zur katholischen Religion überzugehen, „wegen der unlauteren Beweggründe" vor-
läufig abgewiesen (17. Juni bis 17. Juli 1807).

Schon in allen mitgeteilten Fällen hatte die Behörde einzugreifen.
Die allgemeine Stellung der Behörden zu der ganzen Frage muß aber
doch noch etwas näher dargelegt werden. Wie in allen allgemeinen die
Juden betreffenden Fragen geht auch in dieser Sache die Initiative von
den Aeltesten der Berliner Gemeinde aus. Die Thätigkeit dieser wackeren
Männer — unter dem ersten, gleich mitzuteilenden Schriftstück, sind unterzeichnet: Veitel Ephraim, Daniel Itzig, Hirsch David, A. Markuse; in
einzelnen späteren kommt Jakob Moses hinzu; von 1778 werden die erstgenannten ersetzt durch Abraham Nauen, C. L. Braunschweig, Isaac Ries
— ist eine außerordentlich umfassende und fruchtbare: sie erkennen das
Uebel und suchen es an der Wurzel anzugreifen und auszurotten. Ihr
Standpunkt ist gewöhnlich verständig, freisinnig, sie sind zu jedem Opfer
bereit, wenn das Wohl der Gesamtheit damit gefördert wird.

Die Aeltesten richten am 29. Dezember 1768 folgende Bittschrift an
den König:

„Allerdurchlauchtigster

Wir müßen seit einiger Zeit erfahren, daß verschiedene junge ver-
laufene Juden unter den Practext hier studiren zu wollen sich eingeschlichen,
und wenn wir selbige aus der Stadt schaffen wollen sich imatriculiren
laßen, ohnerachtet sie doch sonst nicht lesen noch schreiben können; wenn es
ihnen alsbann am nötigen Unterhalte gefehlet, sie in die Prediger- und
Waisenhäuser gelaufen, unter dem Vorwandt, sich taufen zu laßen. Da
nun dieser Unfug keineswegs von solchen Ignoranten aus einen gewißen
Trieb, sondern nur aus andern unlautern Absichten herrühret, und wann
diese nicht erfüllet werden, dennoch mit Hinterlaßung vieler Malice wieder
davon laufen, bey unserer Gemeinde aber dieser Anstoß für unsere eigenen
Kinder viele Unordnungen und Kränkungen verursachet, so bitten E. K. M.
wir hierburch a. u. die nötige zur Abhelfung dieser uns nachtheiligen
Desordres a. g. Befehle ergehen zu laßen, daß keine dergl. junge Leuthe,
die so wenig hinreichende Einsichten, von unsrer als der Christl. Religion
besitzen, hier angenommen werden dürfen, bevor sie nicht mittelst obrigkeitl.
Attests eines Alters von 30 Jahren, und ihres redlichen Betragens bey
dem Policey-Directorio sich legitimirt, auch diejenige, so sich unlängst
unter diesem Practext annoch alhier befinden, uns zur Fortschaffung überliefert werden sollen. Wir erhoffen gn. Erhörung und ersterben" . . . .

Auf Grund dieses Bittschreibens wurde am 10. Februar 1769 „an
die sämtlichen Inspectores hiesiger Residenzen" ein Schreiben gerichtet, in
welchem es nach Recapitulation des Gesuches folgendermaßen heißt: „Ob
wir nun zwar an solche Bedingungen die Annehmung des Christentums
von benen Juden so schlechterdings zu binden nicht gemeint sind, so ist doch

gleichwohl in mehrerem Betracht, daß nur selten bei denen Juden die Religionsveränderung aufrichtig und aus rechtschaffenen Gründen geschiehet, nötig, solche nicht eher zu gestatten, noch einen Juden zum Unterricht in der christlichen Religion anzunehmen, bevor man nicht von der Lauterkeit seines Triebes dazu mittelst genauer und gewissenhafter Prüfung überzeugt werde".

An demselben Tage erhielt das Generaldirectorium die Weisung, darauf zu achten, daß solche junge Leute baldmöglichst zu christlichen Meistern gebracht würden, und daß dabei die Zünfte zu bedeuten seien, solche junge Bursche, auch ehe sie getauft seien, gar wohl aufzunehmen. Nun erhob sich aber eine ungeahnte Schwierigkeit. Das Polizeidirektorium nämlich meldete, daß die Unterbringung jüdischer Bursche sehr schwer sei, und motivierte diesen Bericht (30. März 1769) folgendermaßen: „Bis anhero haben die hiesigen Pröbste, Inspectores und Prediger lutherischerseits zu dergleichen Behuf einen freiwilligen monatlichen Beitrag gethan, davon die Kasse und Berechnung der verstorbene Prediger an der Sanct Georgi-Kirche, Woltersdorff, über sich genommen gehabt. Nach seinem Tode hat zwar der ihm bei seinem Predigtamt succedirte Sohn die Sache fortgesetzt. Da aber verschiedene Glieder des Ministerii auch inmittelst, ohne daß von deren successoribus der freiwillige Beitrag noch zur Zeit wiederum übernommen war, verstorben, und die nachfolgenden weiter nichts zusammengetragen haben, so ist diese freiwillige beliebte Einrichtung in Verfall geraten, daß gegenwärtig die Einnahme davon kaum 4 Thaler beträgt. Wir wissen zu einem mehr hinlänglichen erforderlichen Beitrag keinen Fonds vorzuschlagen, außer daß etwa jährlich eine Kirchencollecte desfalls verstattet wird, zugleich denen hiesigen Kirchen, welche des Vermögens sind, einige wenige Thaler zu obigem Endzweck mitabzutragen auferlegt würde". Die einzige Entscheidung, die aber seitens des Generaldirektoriums erfolgte, welches seinerseits ein Gutachten des Justizdepartements eingeholt hatte (5. April), war die, daß das Polizeidirektorium angewiesen wurde, christlichen Meistern das Vorurteil gegen die Judenburschen zu benehmen (13. 21. Juni 1769).

Die Aeltesten verfolgten aber die Sache weiter. Die Verordnung vom 10. Febr. 1769 hatte sich nur auf Lehrburschen bezogen; bei den Dienstmädchen, die einen schlechten Lebenswandel führten, stellten sich ähnliche Uebelstände bald heraus. Daher baten die Aeltesten (6. Juni 1774) unter Anzeige eines speziellen Falls und mit der Begründung „da wir also nicht nur befürchten müssen, daß sie in der Folge, wenn sie (es war von zwei bestimmten Personen die Rede) ungestraft wieder auf freie Füße kommen, das Gesinde der hiesigen Judenschaft verführen und ihre schlechte Lebensart fortsetzen möchten, sondern auch häufig erfahren, daß unsere Domestiken männ- oder weiblichen Geschlechts, wenn sie strafbare Handlungen begehen, sich durch den Vorwand, daß sie die christliche Religion annehmen wollen, der verdienten Strafe zu entziehen suchen", um Ausdehnung der Verordnung auch auf weibliche Dienstboten. Nach längeren Verhandlungen wird am 20. Juni 1774 ein bezügliches Gesetz erlassen: „Da die Erfahrung vielfältig gezeigt hat, daß die zur christlichen Religion

übergegangenen Juden nicht sowohl aus wahrem Triebe und lauteren Ab=
sichten als vielmehr aus unerlaubtem Endzweck gehandelt; so haben wir zu
beschließen geruht: daß keine Juden zum Unterricht in der christlichen
Religion eher angenommen werden sollen, bis nicht von ihrem unsträflichen
Wandel sichere Nachrichten eingezogen und darüber schriftliche glaubhafte
Atteste eingereicht worden" [1]).

Der letzte Passus der Verordnung gab aber zu Zweifeln Anlaß, und
durch eine neue Bittschrift der Aeltesten kam die Sache erst in ein
interessantes Stadium. Die Aeltesten erbaten nämlich eine Erklärung,
„daß in den Fällen, da wieder jüdische Kinder oder Dienstboten zur christ=
lichen Religion übergehen wollen, die ihrer vorherigen · Aufführung und
Lebenswandels halber von ihren Eltern oder Brotherrschaften ausgestellten
Atteste, wenn diese von denen Aeltesten jeden Ortes nach vorgängiger Er=
kundigung mitunterschrieben sind, als glaubhafte erachtet werden sollen"
(23. August 1778). Diese Declaration wird von der Regierung ge=
nehmigt, freilich mit dem Zusatz (27. August 1778. Cirkular an sämmt=
liche Regierungen und geistliche Collegien): „Wenn aber Jemandem eine
schlimme Aufführung oder Handlung schuld gegeben wird, so müssen die
Aussteller Specialia davon angeben und die Gerichte bei vorkommenden
Bedenklichkeiten davon nähere Erkundigungen einziehen. Gegen diese De=
claration nun erhob das preußische Consistorium Widerspruch (2. Novem=
ber 1778) mit der Begründung, daß durch dieselbe die Taufe von
Dienstboten und Kindern fast unmöglich gemacht würde, und da auf diesen
Widerspruch nur ein kurzer ablehnender Bescheid erfolgte (14. November),
so übersandte das Oberconsistorium (26. November) folgendes vom 19. No=
vember datiertes Schreiben der Inspectores, unter ihnen sehr bekannter
Männer (Spalding, Teller, Küster):

. . „Wir unterschriebene sowohl als auch wie wir uns mit Recht ver=
sichert halten, die hiesigen Prediger unserer Inspectionen sind aus guten
Gründen von der Begierde nach Judenbekehrungen zu weit entfernet, als daß
es uns jemahl in den Sinn kommen sollte, äußerliche Anlockungen dazu zu
wünschen oder zu veranstalten. Allein wir müßen doch auch glauben, daß es
sich mit der billigen Gewißens Freyheit, welche bisher den Königs-Staaten
zu einem so großen Ruhme gereicht hat, nicht wohl vereinbaren laße, wenn es
irgend jemanden unübersteiglich schwer und also moralisch unmöglich gemacht
wird, seiner Ueberzeugung in einer so wichtigen Sache, als das Religions
Bekenntniß ist, zu folgen, und da besorgen wir, daß dieses bey den als noth=
wendig erforderten Attesten der Juden=Aeltesten der Fall sein werde. Man
weiß, mit welcher bittern Verabscheuung die Juden die Glaubensänderungen
der Ihrigen ansehen und zu verhindern suchen und wie wenig es also zu erwarten
sey, daß ihre Vorsteher jemahl ein Zeugniß des Wohlverhaltens denjenigen
ertheilen werden, bey welchen sie die Absicht einer solchen Aenderung voraus=
setzen oder auch nur vermuthen. Damit ist nun auch dem ehrlichsten jungen
Menschen schlechterdings die Möglichkeit abgeschnitten, durch Christlichen
Unterricht seinem Gemüthe Ueberzeugung und Ruhe zu verschaffen. Denn

---

[1]) N. M. V, 4. Teil S. 338 fg. Nr. 49.

daß ein solcher erst wegen des ihm verweigerten Attestes, so ungegründet und frevelhaft auch diese Verweigerung immer sein mag, rechtliche Untersuchung verlangen soll, von der er vielleicht nicht einmahl weiß, wo er sie suchen und erlangen müße, das würde ihn in solche Weitläufigkeit hineinführen, ihn solchen aus der Erfahrung bekanten Chicanen seiner Glaubensgenoßen und während der etwaigen Untersuchung, da er inzwischen so lange unter ihnen und in ihrer Gewalt bleiben müßte, solchen Verfolgungen derselben aussetzen, daß er durch die Vorstellung dieser Ungemächlichkeiten eben so sehr von seinem sonst vielleicht noch so ehrlichen Vorhaben würde abgeschreckt werden, als wenn ein förmliches Verboth gegeben wäre, daß kein Jude von dieser Arth ein Christ werden dürfe. Es mag bey den mehresten, die sich zu Proselyten angeben, wenig Aufrichtigkeit seyn; indessen da mann diese nicht zum voraus ohne Unterschied allen und jeden absprechen kann und da der Erfahrung nach aus ihnen und ihren Nachkommen manche würdige und nützliche Menschen geworden sind, so würde die Zurückweisung der Heuchler, so viel sich menschlicher Weise thun läßet, schon damit bewürket werden können, daß bey denen, die sich, mit glaubwürdiger Bescheinigung ihres Wohlverhaltens von Christen, zum Unterricht melden, die genaue Prüfung ihrer Gesinnung den Predigern aufgegeben und überlaßen würde, wobey es der Judenschaft immer frey bliebe, ihre etwanige Beschuldigungen gegen dergleichen Personen anzubringen und aufzuführen und auf diese Arth ihren Uebertritt, wie sie es auch schon mehrmahls und zum Theil mit besserm Erfolge als Gründen zu thun gewußt, zu verhindern, nur daß nicht die ganze Sache von den so schwerlich zu erwartenden Verabscheidungs Zeugnissen der Juden Aeltesten abhängen dürfte."

Der Minister Zedlitz aber wies die Petenten ab (9. Dezember), indem er ausführte, daß die Verordnung keinen Gewissenszwang in sich schließe, daß vielmehr das Gericht die Atteste zu prüfen und genau zu untersuchen habe, ob das von den Ältesten des betreffenden Ortes ausgestellte Zeugnis üble Nachrede enthielte.

Aus den späteren Akten ist noch ein anderer Streit mitzuteilen, in dem gleichfalls die Ansicht des Consistoriums nicht zur Geltung kam. Das Polizeidirektorium reichte nämlich am 17. Oktober 1795 dem geistlichen Departement eine Denkschrift ein, in der es folgendermaßen heißt: „Es gewinnt das Ansehen, daß verschiedene sich allhier eingeschlichene unvergleitete Juden und Jüdinnen durch die vorgespiegelte Ueberzeugung von der christlichen Religion einen Schutzbrief sich verschaffen wollen." Das habe manigfache Uebelstände. In Krankheitsfällen wollen weder Juden noch Christen die genannten aufnehmen. Auch bei Eiden stellten sich Unzuträglichkeiten heraus. Das Polizeidirektorium beantragte daher: eine gewisse Ordnung darinnen zu treffen, daß der Unterricht solcher Juden auf eine gewisse Zeit eingeschränkt werde, während welcher der Lehrer sich mit denen Fähigkeiten des zu Belehrenden beschäftigen müßte. „Es scheint uns durchaus zweckwidrig, dergleichen widrige Personen blos des Uebergangs zur christlichen Religion halber hier in der Residenz zu dulden." Diese Denkschrift wurde am 2. November dem kurmärkischen Oberconsistorium zum Bericht übergeben. Dasselbe bestritt die Angaben des

Polizeidirektoriums, beantragte, es bei den alten Einrichtungen zu belassen und denjenigen Täuflingen, über deren Lebensweise Klage geführt wäre, Frist zur Verteidigung zu gewähren (17. Dezember). Das geistliche Departement dagegen nahm die dem Bericht des Polizeidirektoriums entsprechenden, am 25. November gestellten Anträge des Generaldirektoriums an, welche dahin gingen, das Polizeidirektorium zu autorisieren, die unvergleiteten Juden und Jüdinnen, wenn sie sich auch damit zu schützen suchten, daß sie die christliche Religion annehmen wollten, von Berlin nach dem Ort, wo sie zu Hause seien, hinzuweisen, allenfalls mit einem Schreiben an die Ortsobrigkeit zu versehen und selbige mit der Absicht der Juden und Jüdinnen bekannt zu machen (11. Januar 1796).

Unter der Regierung Friedrich Wilhelms III. begann sich eine der Erleichterung der Taufe der Juden weit mehr zugeneigte Gesinnung zu regen, als dies früher der Fall gewesen war. Dies zeigte sich an folgendem Beispiel. Der stud. medicinae Philipp Levi aus Königsberg, der dort studiert hatte und zur Ausbildung nach Berlin gekommen war, bat nun, da er volljährig geworden, um die vom Consistorium genehmigte vom Polizeidirektorium verweigerte Erlaubnis zur Taufe (22. Nov. 1807). Das zum Bericht aufgeforderte Polizeidirektorium erklärte (30. November), daß infolge des Rescripts vom 3. Februar 1796, daß unvergleitete Juden, welche sich taufen lassen wollen, an die Geistlichkeit ihres Ortes hingewiesen werden sollen, der Levi abgewiesen worden, daß ihm aber nun der Consens erteilt sei (8. Dezember 1807).

Noch klarer aber wird der Umschlag in der Stimmung durch folgendes Königliches Handschreiben[1]) an den Geheimen Oberfinanzrat von Gerlach zu Berlin: „Mein Lieber! Auf die Versicherung des Convertiten Ludwig Arndt will ich demselben die nachgesuchte Dispensation seiner Lehr- und Dienerjahre behufs seiner Aufnahme in die kaufmännische Gilde um so mehr erteilen, da ich der Meinung bin, daß den jüdischen Glaubensgenossen, welche zur christlichen Religion übergehen, solches durch Nebenbedingungen nicht erschweret, sondern auf alle Art erleichtert werden sollte. Wenn daher nicht in diesem Falle besondere mir unbekannte Bedenken obwalten möchten, so habt ihr darin noch das Erforderliche zu verfügen, sonst aber darüber vorher zu berichten. Königsberg, 15. Oktober 1808". Daher darf es uns nicht wunder nehmen, wenn gerade in den ersten Jahrzehnten des 19. Jahrhunderts, zu einer Zeit, da selbst vertrauensvollere Juden an einer Besserung ihrer staatlichen Stellung verzweifelten, die Taufen in Berlin überhand nahmen. Das Weitere erfahren wir aus einem Schreiben Frieblaenders an Hardenberg [2]).

E. E.

geruhen gütigst auf die Anlage einen Blick zu werfen. Dieses ist das Verzeichniß der Mitglieder der Berlinischen Gemeinde, die größtentheils in den letzten 5 bis 8 Jahren die väterliche Religion verlassen haben.

---

[1]) Copie in Acta, das Judenwesen betreffend, 1807—9.
[2]) Das folgende Aktenstück ist aus den Staatskanzleralten Volumen I fol. 22, 23 entnommen.

Die bei weitem größere Zahl sind Hausväter. Wie viele sind mir noch unbekannt! Wie viel haben nur ihre Kinder heimlich taufen lassen! In den Provinzialstädten, nahmentlich in Breslau und Königsberg ist das Verhältnis eben so groß.

Wenn das Uebel ist (und für die Judenschaft ist es in Absicht der Moralitaet und in finanzieller Rücksicht ein sehr großes Uebel) so war es meine Pflicht, selbst mit Gefahr zudringlich zu erscheinen, hierüber furcht= los meine Angabe zu beweisen.

E. E. nehmen es gewiß nicht ungnädig auf. Ich setze nun noch hinzu, daß die Familienzahl der Berlinischen Judenschaft im Jahre 1806 = 405 war.

Mit wahrer Ehrfurcht

18. Juni 1811   E. E. unterthäniger
Friedlaender.

Diesem Aktenstück lag ein Verzeichnis von 50 Nummern bei, das die Namen von 32 Hausvätern mit zahlreicher Familie, 18 unverheirateten Männern, manchmal aber mehrere Geschwister unter einer Nummer enthielt [1]).

Damit hören die mir zugänglichen Aktenstücke über die Judentaufen auf. Das Edikt vom 11. März 1812, das den Juden die staatsbürger= lichen Rechte gewährte, hatte den einen Hauptgrund aus der Welt ge= schafft, der viele Bekenner des Judenthums bisher zur Taufe veranlaßt hatte.

---

[1]) Es mag nicht uninteressant sein, zu bemerken, daß mir das betreffende Verzeichnis, das ich im Jahre 1871 abschrieb, zurückgehalten, meinem Freunde Alfred Stern aber, der im Jahre 1882 das Zustandekommen des Edikts von 1812 untersuchte, freigegeben wurde (vgl. A. Stern, Abhandlungen und Aktenstücke zur Gesch. d. preuß. Reformzeit. Leipzig 1885). Ich besitze durch die Güte desselben dieses Verzeichnis, halte aber einen Abdruck desselben nicht für angezeigt.